Nachforschungen über die wahren Ursachen einer Katastrophe am Weißen Fluß führen den Sohn eines Fallmeisters tief zurück in die eigene Vergangenheit: Getrieben von seiner Leidenschaft für die eigene Schwester und der Empörung über das Schicksal seiner aus dem Land gejagten Mutter, folgt er den Spuren seines von der Vergangenheit besessenen Vaters. Wie sein Vater hat auch der als nomadischer Hydrotechniker an den großen Strömen der Erde beschäftigte Sohn sein Leben der Beherrschung des Wassers gewidmet, um das in diesen Tagen nicht nur an europäischen Strömen, Dämmen, Seen und Quellgebieten Krieg geführt wird. In seiner »kurzen Geschichte vom Töten« erzählt Christoph Ransmayr vom Wahn der Nostalgie und der Hoffnung auf Vergebung.

»Ich habe dieses Buch betreten wie einen Zauberwald.«
Denis Scheck, SWR Lesenswert

Christoph Ransmayr hat die entlegensten Gegenden der Erde bereist und lebt heute in Wien. Er verfaßte die weltweit übersetzten und mit internationalen Preisen ausgezeichneten Romane »Die Schrecken des Eises und der Finsternis«, »Die letzte Welt«, »Morbus Kitahara«, »Der fliegende Berg«, »Cox oder Der Lauf der Zeit« sowie den »Atlas eines ängstlichen Mannes«. Daneben erschienen als Spielformen des Erzählens »Geständnisse eines Touristen«, »Arznei gegen die Sterblichkeit«, »Unter einem Zuckerhimmel« (illustriert von Anselm Kiefer) und andere. Zu seinem Werk erschien der Band »Bericht am Feuer«.

Weitere Informationen finden Sie auf www.fischerverlage.de

Christoph Ransmayr

DER FALLMEISTER

Eine kurze Geschichte
vom Töten

Roman

FISCHER Taschenbuch

Erschienen bei FISCHER Taschenbuch
Frankfurt am Main, Oktober 2023

© 2021 S. Fischer Verlag GmbH,
Hedderichstr. 114, D-60596 Frankfurt am Main

Satz: Dörlemann Satz, Lemförde
Druck und Bindung: CPI books GmbH, Leck
Printed in Germany
ISBN 978-3-596-03256-3

Inhalt

1

Der Große Fall

Mein Vater hat fünf Menschen getötet. Wie die meisten Mörder, die bloß Tastaturen, Hebel oder Kippschalter bedienen, wenn sie für einen maßlosen Augenblick die Herrschaft über Leben und Tod an sich reißen, berührte er dabei kein einziges seiner Opfer oder sah ihm auch nur in die Augen, sondern flutete über eine Reihe blanker Stahlwinden eine der Flußschiffahrt dienende Bootsgasse.

Der durch die geöffneten Schleusentore freigesetzte Wasserschwall verwandelte diese Gasse, einen schmalen, aus Lärchenbalken gezimmerten Kanal, in einen reißenden Abfluß. Ein darin eben noch driftendes, mit zwölf Menschen besetztes Langboot glitt dadurch nicht wie vorgesehen in ruhiger Fahrt vom Ober- in den Unterlauf des *Weißen Flusses*, sondern schoß in jäher Beschleunigung zwischen bemoosten Felswänden talwärts. Dort, wo die Bootsgasse wieder in das alte Flußbett einmündete, ließ der Schwall das Langboot wie von einer Riesenfaust getroffen umschlagen und kieloben durch brodelnde Kehrwasserwirbel davontaumeln.

Im Donnern des *Großen Falls*, jenes mehr als vierzig Meter hohen Wasserfalls, der durch ein von meinem Vater fast dreißig Jahre lang reguliertes, ja beherrschtes Kanalsystem sicher umfahren werden konnte, wurden sowohl die Entsetzensschreie der an den felsigen Ufern versammelten Zeugen des Untergangs als auch die Schreie und Hilferufe der Gekenterten und Ertrinkenden unhörbar. Der Weiße Fluß und sein von Flößern und Bootsleuten über Jahrhunderte gefürchteter Fall schluckten jeden Laut, der nicht zu den Wirbeln, nicht zur Gischt, nicht zum Widerhall des gegen die Felsen tobenden Wildwassers gehörte.

Es war ein frühsommerlich warmer, leicht bewölkter Tag, ein Freitag im Mai, an dem nach einem damals wie heute gültigen *Kalender der Märtyrer* in vielen Dörfern und Städten entlang des fast dreitausend Kilometer langen Stromverlaufs das Fest des heiligen Nepomuk gefeiert wurde – des Schutzpatrons der Flößer, der Brückenbauer und Schleusenwärter, aber vor allem: des Hüters der Verschwiegenheit. Nepomuk, Bischof und kaiserlicher Beichtvater im mittelalterlichen Prag, so überlieferte es eine Legende, die in handtellergroßen, vergoldeten Buchstaben in einen Felsen am Großen Fall geschlagen worden war, hatte sich geweigert, die ihm von einem Kaiser eingestandenen Verbrechen preiszugeben, sei dafür gefoltert und mit einem Schleifstein um den Hals in die Hochwasser führende Moldau gestürzt worden.

Auch wenn in den Tagen seines Festes die meisten

Fährverbindungen bereits eingestellt und viele Brük-
ken zerstört waren, die den bis ans Schwarze Meer
strömenden Weißen Fluß einmal überspannt hatten,
schien der Geist des Brückenheiligen immer noch
selbst über gesprengten und überspülten Pfeilern und
geborstenen Stahlbögen zu schweben – zu schweben
über rostgebräunten oder unter Moospelzen zerfallenden Resten, die in den Sommermonaten in tiefgrü-
nem Dickicht versanken, während sie sich im Winter
wie die Gespenster einer in Schande untergegangenen
Welt kalt und schwarz aus den Wasserstaubwolken erhoben.

Mehr als vierzig Sprachen wurden am Weißen Fluß
gesprochen, aber die Zahl der Brücken, die seine Ufer
einmal miteinander vernäht hatten, schrumpfte mit jedem Jahr weiter und verwies mit dramatischer Deutlichkeit auf ein Zeitalter der Trennungen und Grenzen.
Denn mit den Brücken waren auch die meisten Allianzen und staatlichen Verbindungen auf dem europäischen Kontinent verschwunden und zu einem Hagel
aus Zwergstaaten, Kleinfürstentümern, Grafschaften
und von Flaggen und Wappen geschmückten Stammesgebieten zersprungen. Ruhig und unaufhaltsam
wie je zog der Weiße Fluß einer Zukunft entgegen, in
der nur noch einige morsche Kähne und Rollfähren
zwischen jenen glucksenden und schäumenden Wirbeln verkehren sollten, die aus der Strömung ragende
Trümmer umrauschten.

Fünf Tote. Ob mein Vater diese oder eine ähnlich erschreckende Zahl tatsächlich gewollt oder vielleicht sogar den Tod aller zwölf Passagiere des Langbootes zumindest in Kauf genommen hatte, wird vermutlich ein Geheimnis bleiben, solange nicht ein an Schleusentore genageltes Bekenntnis von ihm oder irgendwo zwischen Schwemmholz und Treibgut auf den Schotterbänken ein anderer Beweis auftaucht, der meine Vermutungen bestätigt oder widerlegt. Alle Fragen an ihn verhallen im Leeren. Denn als hätte er sich nach dem genau bemessenen Ablauf eines Sühnejahres dazu entschlossen, Buße zu tun, trieb mein Vater am ersten Jahrestag seiner Tat unter den Augen eines entsetzten, Warnungen schreienden Fliegenfischers in einer mit Steinsalz beladenen Zille von der Bauart jenes Langbootes, in dem auch seine Opfer gekentert waren, aus dem Oberlauf des Weißen Flusses auf die Wasserstaubwolken des Großen Falls zu.

Er wandte dem panisch winkenden Fliegenfischer kein einziges Mal auch nur den Kopf zu und tat nach den Aussagen des Mannes keinen einzigen Ruderschlag, um zu verhindern, was folgen mußte. Und stürzte mitsamt seiner Fracht in die donnernde Tiefe.

Geborstene Planken seiner Zille wurden an drei verschiedenen Sand- und Schotterbänken gefunden, sein Leichnam dagegen trotz des Einsatzes von Rettungstauchern, die an diesem Stromabschnitt stets nur Tote geborgen hatten, niemals. Und mittlerweile ist wohl auch zu viel Zeit vergangen, um in den Tiefen oder an einer unter Dickicht verborgenen Uferstelle auch nur einen Knochenrest zu finden, der dem Verschwundenen zugeordnet werden könnte.

Das gelöste Steinsalz seiner Fracht, so stelle ich mir vor, mußte damals gewiß auch einen ganzen Schwarm von Süßwasserfischen getötet haben – Regenbogenforellen, Schwerthechte und Saiblinge, die dem in den Wirbeln gelösten Salz, das ihre Kiemen verätzte, panisch zu entkommen versuchten, dabei alle ihre Kräfte mit rasenden Flossenschlägen verpraßten und so ein Beispiel gaben für den Wassertod der Opfer meines Vaters.

Die mehr als neun Meter lange, an eine venezianische Gondel erinnernde Lärchenholzzille, in der mein Vater wie ein unter seiner Schuld erstarrter Bootsmann lautlos im Großen Fall verschwunden war, stammte aus den Beständen jenes der Flußschiffahrt gewidmeten Freilichtmuseums, das er über Jahrzehnte mit einem unstillbaren Haß auf die Gegenwart verwaltet hatte. Denn wenn sich überhaupt etwas Unbezweifelbares über diesen begeisterungsfähigen, manchmal liebevollen, dann wieder über Tage schweigsamen und oft jähzornigen Mann sagen ließ, der mein Vater war, dann, daß er nicht nur als Verwalter einer weitläufigen Museumsanlage, sondern bis in die Abgründe seines Daseins ein Mann der Vergangenheit war.

Spätestens seit er mit seiner Ernennung zum Fallmeister in der Grafschaft Bandon, unserem Heimatdistrikt, sein Amt als Kurator des *Museums am Gro-*

ßen Fall angetreten hatte, schien seine Lebenszeit ihre Fließrichtung umgekehrt zu haben und nicht in eine bedrohliche Zukunft zu verlaufen, sondern aus dem Nebel dieser Zukunft zurück in eine Vergangenheit, in der alles vertraut, alles absehbar, alles lenkbar erschien.

Fallmeister war in einer Jahrhunderte zurückliegenden, nur für meinen Vater noch lebendigen Zeit der Berufs- und Ehrentitel jener Schleusenwärter gewesen, die den Weißen Fluß im Bereich des Großen Falls in Bootsgassen gelenkt hatten, die wie wasserführende Balkone an die Felswände gebaut worden waren. So konnten die Salzschiffer in ihren Langbooten den Großen Fall in treppenförmig angeordneten Kanälen umfahren.

Ein Fallmeister mußte dabei durch das Öffnen und Schließen eines Systems von Schleusen gerade genug Wasser in diese Gassen lenken, um selbst schwer beladene Salzzillen auf einem seichten, mit jedem Laufmeter schwächer werdenden Schwall am Tosen des Falls vorüber in den Unterlauf des Weißes Flusses zu führen. Denn am Ende der Umfahrung mußte sich dieser Schwall durch seriell geöffnete Ablaufventile verlieren und eine Zille, nur von nassen Lärchenbohlen gebremst, sanft in den Fluß zurückgleiten.

Ein Meister, ein *Fallmeister*, wer die Abfolge der Öffnung und Schließung von Schleusentoren, Ventilen, Flutungen und Abflüssen so virtuos beherrschte, daß die Bootsmänner in ihren Zillen wie in einer Wiege oder in der Gondel eines Ballons im Sinkflug am Großen Fall vorüber*schwebten*. Aber wehe!, wenn in dieser Sinkfahrt auch nur ein Fehler geschah. Dann konnte ein Langboot wie der Pfeil einer Harpune talwärts schießen und am Ende der Fahrt im Weißwasser kentern und versinken. Erinnerungen an die in den Jahrhunderten des Salztransports ertrunkenen Bootsleute waren zu Dutzenden als Gedenktafeln an eine blanke Felswand am Großen Fall geschraubt oder dort wie die Legende vom ertränkten Nepomuk als kunstvolle, nun moosüberwachsene Ornamente in den Stein geschlagen worden.

Aber auch wenn die Zeiten der Fallmeister längst vorüber waren, die Mundlöcher der Salzbergwerke im Toten Gebirge, das den südlichen Horizont der Grafschaft als eine bis in die Wolken aufragende Mauer begrenzte, nur noch überwucherte oder zugemauerte Portale waren und die über dem Fluß schwebenden Bootsgassen nur noch gegen mäßigen Eintritt bewunderte Museumsobjekte, legte mein Vater auch als Kurator verbissen darauf Wert, *Fallmeister* genannt zu werden.

Meine Mutter Jana hatte ihm noch kurz vor jenem Tag, an dem sie ihn unter dem Zwang neuester ethnischer Gesetze verlassen und in ihre adriatische Heimat zurückkehren mußte, an die Brusttasche eines seiner Hemden, in denen er stets den Wasserstandskalender bei sich trug, den Titel mit silbernen Fäden gestickt: *Fallmeister*. Heute weiß ich, daß Jana meinen Vater wohl auch ohne die Maßnahmen zur ethnischen Säuberung verlassen hätte, weil sie den Haß auf alles Fremde, der das Leben in Bandon bestimmte, und auch den Haß nicht mehr ertrug, den mein Vater gegenüber aller Gegenwart empfand.

Fallmeister! Mir und meiner Schwester Mira, die wir die spöttischen Bemerkungen und das Kichern in Bandon über diesen selbstverliehenen Titel des Kurators kannten, war es damals erschienen, als hätte unsere Mutter ihm vor ihrem Abschied einen Spottnamen an die Brust gestickt, mit dem er schließlich in den Untergang fahren sollte.

Nach seinen manchmal beschwörend vorgetragenen Erzählungen war er als Kurator des Museums am Großen Fall bloß einer Berufung gefolgt – schließlich sei bereits der Höhepunkt jedes einzelnen Tages seiner Kindheit eine Flußlegende gewesen, die ihm von seiner Mutter erzählt worden war und ihn immer wieder in eine namenlose Vergangenheit entführt hatte: Ihre Geschichten von Flußgeistern, Algenwäldern, Nixen und dahinschwebenden, vielgestaltigen Wesen, die das Dunkel des Stromgrundes bewohnten, Geschichten von der Tiefe, von der Flut … hatten ihn angeblich Abend für Abend in den Schlaf begleitet.

Als *Wasserbürgerin* überlieferte seine Mutter in öffentlichen Vorträgen und in Schulen, was auch ihr irgendwann erzählt worden war. Als sie fast hundertjährig starb, hatte mein Vater seine Frau Jana gedrängt, diese Beschwörungen der Wasserwelt bis tief in meine und in die Kindheitsjahre meiner Schwester Mira fortzusetzen. Dabei hätte meine Mutter lieber, viel lieber von ihrer Küste erzählt, von den Inseln der Adria und von Meerjungfrauen als von Flußgeistern. Aber das war ihr verboten.

Am Todestag meiner Großmutter standen wir Jahr für Jahr, meine Eltern, Mira und ich, mit Sträußen blauer Lilien an ihrem Grab in einer *Fallmeisterhimmel* genannten Sektion des Friedhofs von Bandon und starrten, während wir Gebete und Anrufungen halb murmelten, halb sangen auf die drei Worte, die mein Vater in den Grabstein hatte schlagen lassen:

Es war einmal.

Von der Katastrophe am Tag des heiligen Nepomuk habe ich durch ein von Bildausfällen und knackenden Störgeräuschen oft unterbrochenes Netzgespräch mit Mira erfahren. Ich arbeitete damals als Hydrotechniker an verschiedenen Stauwerken des brasilianischen Rio Xingu, einem Zustrom des Amazonas, und erfuhr von dem, was in Bandon geschah, ausschließlich durch diese Gespräche mit meiner Schwester, zumeist mit Tagen Verspätung über ein instabiles, nur in drückend heißen Nachtstunden einigermaßen zuverlässiges Netz.

Die Kayapó, Waldbewohner am Rio Xingu, kämpften in den Monaten meines Aufenthaltes verzweifelt

mit Pfeilen, Speeren und Äxten gegen einen Stau-
damm, der ihre Dörfer, ihre Jagdreviere und heiligen
Bezirke und damit ihre ganze Welt unter Wasser setzen
sollte. Daß auch meine Arbeit diesem Weltuntergang
diente, wurde mir erst auf weit in der tropischen Wildnis verstreuten Baulosen klar. Ich hatte zuvor noch nie
von den Kayapó-Indios gehört, die in der zweiten
Woche nach meiner Ankunft die Satellitenempfänger
und Glasfaserkabel der die drohende Sintflut vorbe-
reitenden Elektrizitätsgesellschaft zerstörten. Der für
die Verlegung von Druckrohrleitungen zuständige
Vermessungstrupp, dem ich zugeteilt worden war,
verließ das Zeltlager von da an nur noch unter dem
feuerbereiten Schutz von Pionieren der brasilianischen
Armee.

Mira war enttäuscht, ja wütend gewesen, als ich auch
nach der Nachricht vom Verschwinden unseres Vaters
mein amazonisches Baulos nicht verlassen konnte, um
ihr beizustehen und zu helfen, das Fallmeisterhaus am
Großen Fall zu räumen. Unsere Mutter Jana hatte dieses Haus seit ihrem Fortgang weder in ihrer elektronischen Post noch in ihren Netzgesprächen mit Mira je
wieder erwähnt und lebte nun nach einer Botschaft,
die sie nur meiner Schwester geschickt hatte, mit einem *Wasserkrieger* auf der Adria-Insel Cres, der in Mo-
natsintervallen als Söldner um Stauzonen am Jordan
kämpfte. Sie wollte ihren lange vergeblich geliebten,
schließlich gehaßten und an die Vergangenheit geket-
teten Mann auch auf seinem letzten Weg nicht mehr

begleiten. Dabei wußte sie wohl weder damals noch heute, daß dieser Mann nicht nur von der Vergangenheit besessen, sondern ein Mörder gewesen war.

Fünf Tote!

Ertrunken waren an jenem Unheilstag im Mai ein Turbinenwärter des Laufkraftwerkes IV am Weißen Fluß, der eine in Bagdad geborene Frau und zwei minderjährige Kinder hinterließ.

Ertrunken war eine Änderungsschneiderin, deren taubstumme Tochter beim Begräbnis ihrer Mutter Kehllaute röchelnd in das offene Grab hinabklettern wollte und vom Totengräber, einem Bürgerkriegsflüchtling, nur mit Gewalt daran gehindert werden konnte.

Ertrunken war ein pensionierter Landmaschinenmechaniker, der sich auch auf den Bau von Holzkähnen verstand und als Amateurastronom in klaren Nächten versuchte, Signale von intelligentem Leben aus den Tiefen des Himmels zu empfangen.

Ertrunken war der Posaunist einer Blechkapelle, die vor dem Ablegen des mit Girlanden geschmückten Langbootes die *Hymne der Flößer* in das Tosen des Weißwassers geblasen hatte.

Und ertrunken war auch eine kinderlose, an kreisrundem Haarausfall leidende Musiklehrerin, deren verfallendes Fachwerkhaus inmitten eines großen Erdbeerfeldes stand. Das Haus war gerade weit genug von den Ufern des Weißen Flusses entfernt, daß in seinen sonnenhellen Räumen vom Großen Fall nur noch ein dumpfes Brausen zu hören war. In allen Fenstern an der Westseite aber stand zur Zeit der Schneeschmelze und bis tief in den Sommer eine den Auwald turmhoch überragende, manchmal von Regenbögen umflorte Wasserstaubsäule.

Der im Laufkraftwerk IV *Am Fall,* keine zwei Meilen von meiner Heimatstadt Bandon entfernt, beschäftigte Turbinenwärter war dreiundvierzig Jahre alt, als er gemeinsam mit den vier anderen Opfern des Untergangs am Tag des heiligen Nepomuk ertrank. Die Änderungsschneiderin war sechsundfünfzig Jahre. Die Musiklehrerin, die wegen der gewiß mehr als zwei Dutzend verwilderter Katzen, die sie täglich fütterte, von den Erdbeerpflückern *Katzenfrau* genannt wurde, siebenunddreißig.

Ihre von Schwerthechten zerfressenen Leichen wurden erst fünf, acht und neun Wochen nach dem vermeintlichen Unglück geborgen. Denn der Weiße Fluß, in dessen Gischt die Ertrinkenden nach dem Umschlagen der mit Blumengirlanden geschmückten Zille davongewirbelt waren, tost in der Grafschaft Bandon durch ein von Nebenarmen, fjordähnlichen Buchten und Kehrwasserkanälen zerrissenes, mehr als einhundert Kilometer langes Gewirr von Schluchten. Und seine Strömungsverhältnisse erscheinen selbst auf den Simulationsprogrammen meiner Computer als heilloses Chaos.

Alle Opfer meines Vaters hatten, wenn nicht in Sichtweite, so doch in Hörweite des Großen Falls gelebt. Sein Tosen war das Hintergrundrauschen auch meiner Kindheit und Jugend gewesen, und die Sand- und Schotterbänke in den Schluchten des Weißen Flusses gehörten zu jenen mit Legenden und Mythen verbundenen Spielplätzen, nach deren tiefgrüner, magischer Schönheit ich mich in meinen Arbeitsjahren an den Stauwerken der großen Ströme Afrikas, Südamerikas und Asiens immer wieder zurücksehnte:

Libellen in allen Farben und Größen standen dort vor einem von Schluchträndern eingefaßten Sommerhimmel, als hätte das Glitzern des Wassers sie hypnotisiert und in einen nur im Schwebflug erreichbaren, sirrenden Frieden versetzt. Eisvögel saßen als zerbrechlicher Baumschmuck reglos auf ihren Jagdzweigen, bevor sie sich, wie von einer im Inneren ihres blau leuchtenden Federkleides zündenden Explosion aus der Erstarrung geschleudert, auf dicht unter der Wasseroberfläche lauernde Glasfischchen stürzten, die dort ihrerseits auf Beute warteten.

Jagende Eisvögel erschienen mir damals wie magische Vorführungen der Unausweichlichkeit des Tötens und Getötetwerdens. Immer wieder mußte ich mit Fieberschüben und schweren Erkältungen büßen, wenn ich lange, manchmal stundenlang! bis zum Scheitel unter Wasser im Revier eines Eisvogels stand und, nur mit Schnorchel und Taucherbrille bewehrt, darauf wartete, daß der Jäger sich von seinem Ansitz und aus dem Blau des Himmels lösen und, umwirbelt von einer Wolke aus silbrigen Luftblasen, in die Wassertiefe und auf sein Opfer stürzen würde. Aber ich habe über Jahre vergeblich auf diesen Moment gewartet.

Es dauerte lange, bis ich zu begreifen begann, wie ähnlich ich mit meinen Erinnerungen, meinem Heimweh nach diesen Auwäldern und Ufern meinem Vater war, der den Schatten der Wassernebel, die über dem Großen Fall selbst in dürren Sommermonaten aufrauchten, niemals verlassen wollte, niemals die Schluchten, die *sein* Fluß über die Jahrhunderttausende in die Kalkgebirge am Horizont von Bandon geschliffen hatte.

Ich hatte am Sambesi und am Weißen Nil, in den Quellgebieten des Paraná, des Okavango, Niger, Euphrat, Rio Xingu und Mekong als Söldner in verschiedenen Wasserarmeen die Voraussetzungen dafür zu schaffen versucht, Strömung in Energie zu verwandeln – und hatte wohl erst in den Tagen der Nachricht vom Unheil am Großen Fall zu verstehen begonnen, daß ich den Weißen Fluß in Wahrheit auf meine Weise möglicherweise ebensowenig jemals verlassen würde wie mein Vater.

Wenn ich ihn als Kind in einer von einem brüllenden Außenbordmotor angetriebenen Zille auf seinen Kontrollfahrten durch brodelnde Gischt oder auf seinen Wanderungen über ein System weit gespannter, himmelhoher Seilbrücken begleiten durfte, die uns zu Schleusensystemen, verfallenden Treidelpfaden, Buhnen, überfluteten Entlastungskanälen und morschen Lahnungen führten, hatten wir auf den Flußbänken aus Schwemmlehm manchmal Figuren geformt, deren von der Sonne gebackene Reste den ganzen Sommer lang und manchmal noch bis zum ersten Schneefall zu sehen waren:

Nach den Worten meines Vaters *erschufen* wir damals nicht anders als der nächstbeste Allmächtige aus dem grauen Lehm Hunde, Ratten und Katzen in wirklichkeitsnahen Größen, einmal sogar einen auf einem umspülten Felsen hockenden Mann in Lebensgröße, den in Kajaks oder Kanus vorüberpaddelnde Flußfahrer zunächst für einen Fischer hielten und später und dann bei jeder neuerlichen Vorüberfahrt mit Steinen aus dem seichten, unter ihnen dahinfliegenden Grund bewarfen, bis er verschwand. Aber ich kann noch heute genau sagen, an welcher Stelle des Felsens unsere Schöpfung, unser Adam, mit seiner Haselnußgerte als Angelrute gesessen und die Paddler getäuscht hatte.

Im Frühling wuchsen auf einem Vorsprung dieses Felsens Teppichprimeln und tiefblauer Enzian, von dem mein Vater stets eine Blüte, niemals mehr, für meine Mutter pflückte, die Wildblumen der Farbe Blau mehr als alle anderen Gewächse liebte, weil Blau die Farbe des Meeres an glücklichen Tagen war, die Farbe *ihrer* Adria, von deren Felsenküsten sie als Mädchen in einem der endlosen dalmatinischen Kriege geflohen war.

Immer wieder tauchen in meiner Erinnerung aber auch die Gärten von Bandon und wie in ihrer Mitte die Erdbeerbeete der Katzenfrau auf, lange, in den Kältemonaten mit Holzwolle vor dem Frost geschützte Zeilenbeete, in denen im Frühsommer jeder Bewohner von Bandon pflücken durfte, so viel er wollte. Wenn geerntet wurde, standen die Fenster des Fachwerkhauses offen, aus denen der Gesang der Katzenfrau ins Freie drang. Und während die Beerenpflücker die Beete mit krummen Rücken nach den süßesten und größten Früchten absuchten, saß sie an einem Steinway-Flügel und verlor sich in Arien des Belcanto, über deren glucksende Koloraturen die Beerenpflücker, ihr Publikum, in aller Heimlichkeit viel lachten.

Der Sängerin blieb der Spott nicht verborgen, aber wenn sie von ihrem Flügel durch das offene Fenster auf gekrümmte, manchmal von unterdrücktem Lachen bebende Rücken zwischen den Beeten sah, schien ihr die bloße Tatsache der Anwesenheit eines, irgendeines! Publikums stets wichtiger zu sein als Bewunderung oder Applaus.

Zu den eifrigsten Pflückerinnen, erinnere ich mich, gehörten auch die von meinem Vater getötete Änderungsschneiderin und ihre taubstumme Tochter. Die beiden trugen ihre Erdbeeren in aus Kunststoffabfällen geflochtenen Körben nach Hause und pflückten niemals mehr, als in diesen Körben Platz fand. Auch die Kinder des ertrunkenen Turbinenwärters und seiner irakischen Frau werden die Arien der Lehrerin wohl gehört haben, aber an sie erinnere ich mich nicht. Als einer der Erdbeerpflücker habe ich mich oft gefragt, ob es irgend etwas gab – eine Schwingung, eine Berührung des Trommelfells –, einen Rest von Gesang, den die taubstumme Tochter der Änderungsschneiderin von den gellenden Arien *hören* oder spüren konnte. Jetzt träume ich vom Tosen des Wassers in den Gehörgängen und in den vom Erstickungstod aufgesprengten Mundhöhlen der Ertrinkenden, das mich in manchen Nächten hochschrecken und dann nicht mehr schlafen läßt.

Auch wenn die an jenem Nepomukstag im Mai versammelten, ahnungslosen Zeugen der Tat meines Vaters niemals Verdacht geschöpft hatten und wohl immer noch an ein bloßes Unglück glauben, an eine Verkettung verhängnisvoller Umstände, ja an eine *Tragödie*, der mein Vater als bemitleidenswerter, vom Schicksal geschlagener Mann ein Jahr nach dem Unheil am Großen Fall schließlich selbst zum Opfer gefallen war, lassen die Ergebnisse meiner bisherigen Nachforschungen kaum Zweifel an seiner Schuld zu.

Ich habe über die störanfälligen Satellitenverbindungen aus meinem Camp am Rio Xingu über den Atlantik hinweg eine Unzahl von Fragen nach Bandon gesendet – an Mira, an die Festgäste vom Großen Fall, an die Wartungstechniker der Schleusensysteme und Bootsgassen und selbst an einige Blechbläser der Flößerkapelle, die ihre Instrumente fassungslos absetzten, während die Opfer meines Vaters im Wildwasser versanken. Und ich bin stets zu dem Schluß gekommen: Das war keine Tragödie, das war kein Unglück, sondern ein Verbrechen.

Seit ich am vorläufig letzten meiner Baulose an der Einmündung des Tonle Sap in den Mekong im kambodschanischen Phnom Penh gesehen habe, wie selbst mächtige Ströme unter dem Wasserdruck der Regenzeit ihre Laufrichtung umkehren und wieder in ihr Quellgebiet zurückzufließen scheinen, habe ich mir vorgenommen, mir nicht allein über die Beweggründe der Tat meines Vaters Klarheit zu verschaffen, sondern Klarheit vor allem über die rätselhafte Geschichte der Verwandlung eines von der Vergangenheit geradezu besessenen Mannes in einen von seinen Nächsten und Liebsten und allen guten Geistern verlassenen Menschen, der am Ende bereit war, zu töten.

2

Im Wasserstaub

Ich habe meinen Vater stets mehr gefürchtet als geliebt. So sehr ich ihn bewunderte, wenn er in einem von zwei dröhnenden Außenbordmotoren durch die Gischt gejagten Schlauchboot, unerreichbar für jeden Zuruf, zwischen Felstürmen und den Pilotenreihen einer Bootsgasse durch das Weißwasser pflügte, um verkeiltes Treibholz mit einer Spitzhacke von einem Schleusentor abzuschlagen oder Seilzüge zu entwirren –, so sehr war ich vor Entsetzen wie gelähmt, wenn er ohne Vorwarnung und oft ohne ersichtlichen Grund in einen seiner Wutausbrüche verfiel. Ein beiläufiges, von ihm als empörend falsch empfundenes Wort oder bloß eine mißverständliche Geste konnten dazu führen, daß er einen Schrei ausstieß, einen Fluch oder auch nur den Namen jenes Menschen, der dadurch im Bruchteil einer Sekunde zum Schuldigen, ja zu einem verfluchten Feind wurde.

Wenn dieser Schrei mein Name war, erwartete ich stets einen Schlag, einen vernichtenden Hieb, obwohl mein Vater weder mich noch meine Schwester Mira oder meine Mutter jemals geschlagen hat. Seit bei Mira nach zwei kurz aufeinanderfolgenden Knochenbrüchen – einer Fraktur des Schienbeins, dann des rechten Oberarmes – im Militärhospital von Bandon eine Krankheit diagnostiziert worden war, deren seltsamer Name in unserer Familie noch nie gehört worden war – *Glasknochenkrankheit* –, hätte Mira nach der eindringlichen Warnung eines uniformierten Arztes weder von meinem Vater noch von irgendeinem Erzieher der Grafschaft jemals geschlagen, ja nicht einmal mit einem zupackenden Griff oder Stoß bestraft werden dürfen: Miras Knochengerüst sei durch eine Punktmutation in ihrer Erbinformation so fragil, daß Arme, Beine, Finger, Rippen schon bei der geringsten Belastung brechen konnten. Ihr Brustkorb erschien auf einem Röntgenbild, das meine Schwester nach einer Reihe von Untersuchungen an die Wand ihres Zimmers heftete, tatsächlich wie aus Milchglas, und Splitter ihrer Knochen konnten schon bei einer spielerischen Balgerei ihre Lunge oder, wie sie es vorzog zu sagen: ihr Herz durchstoßen.

Mira war auf das Besondere, ja Kostbare, das ihr durch diese Krankheit zukam, schon nach der ersten Diagnose stolz gewesen, und ich hatte sie darum beneidet: Knochen aus Glas wiesen auf eine filigrane, klirrende Aristokratie hin und machten eine darunter Leidende nicht bedauernswert, sondern vor allem unangreifbar, ja zu einem Märchenwesen, einer Fee.

Dazu kam, daß der Grad dieses Makels nach den

ersten Knochenbrüchen schwächer zu werden schien. In Wahrheit war diese Besserung aber nur das Ergebnis äußerster Behutsamkeit und einer geradezu hysterischen Vorsicht, durch die sie ihre Gefährdung in ein virtuoses Bewegungsgeschick verwandelte. Sie vermochte nach und nach jedem auch nur angedeuteten Schlag, jedem Stoß mit tänzerischer Sicherheit auszuweichen, ja begann, Bedrohungen mit einer solchen Leichtigkeit und Reaktionsschnelligkeit zu um*fliegen*, daß wohl selbst ein blitzschneller Angriff gegen sie ins Leere gegangen wäre.

Nach der ersten Untersuchungsreihe im Bandoner Spital und den entsprechenden Befunden war sie nur noch ein einziges Mal nicht schnell genug gewesen – als sie von einem unter unserem Gewicht wegbrechenden Uferfelsen, auf dem wir unterhalb des Großen Falls gemeinsam Regenbogenforellen fischten, nicht mehr ans Ufer zurück, sondern ins vermeintlich weichere, dunkle Wasser sprang und sich dort an einem unter glucksenden Wirbeln verborgenen Riff das Schlüsselbein zerschlug.

Mira, die Unangreifbare. Ein Wutausbruch unseres Vaters genügte allerdings auch für sie, um ihr (wie jedem, dem er galt) die Sprache und den Atem zu rauben und vergessen zu lassen, daß seinem Gebrüll noch nie rohe Gewalt gefolgt war.

Ich erinnere mich an einen Herbstmorgen, an dem Miras Kater, ein Geschenk der Koloraturen singenden Erdbeerfrau, mit einer Wasseramsel im Maul über den breiten, vom Rauhreif pelzigen Handlauf jenes Steges lief, der das Fallmeisterhaus mit einer der Bootsgassen verband. Mein Vater war gerade dabei, das vereiste Gatter des Zillenhauses zu schließen, als er den Kater, der seiner Fellzeichnung wegen von allen *Tiger* gerufen wurde, mit seiner Beute sah. Mein Vater bewunderte, ja liebte Vögel. Er erkannte die Singvögel der Auwälder nicht erst an ihren Liedern, sondern schon an ihren bloßen Warnrufen und war nur durch die beharrliche Überredungskunst meiner Mutter zu bewegen gewesen, Mira das Geschenk aus dem Erdbeerhaus, einen Vogelfeind, annehmen zu lassen.

Als der Kater mit seiner Beute im Triumph über sein Jagdglück über den Handlauf auf ihn zukam, brüllte mein Vater weder den Namen des Jägers noch irgendein Wort, sondern stieß einen heiseren Schrei aus, der selbst das unter dem Steg tosende Weißwasser übertönte. Tiger ließ die blutige Wasseramsel, die noch lebte, aber bereits flugunfähig war, augenblicklich fallen, wollte sich auf dem Handlauf umwenden, um vor dieser brüllenden Wut zu fliehen, verlor dabei sein Gleichgewicht und stürzte unter panischen Verrenkungen seiner unter ihm bereits davongewirbelten Beute nach und verschwand für immer im brodelnden Weiß.

Mira und ich suchten stundenlang und noch in den folgenden Tagen wieder und wieder nach Tiger, bis

uns die Suche verboten wurde, als wir sie, bereits ohne
Hoffnung auf Rettung, auf schwer zugängliche, fel-
sige Uferabschnitte ausdehnen wollten, um dem Opfer meines Vaters wenigstens eine Grabstätte bereiten
zu können. Ein leeres Steinmal, in das wir Moos und
Schwalbenwurzenzian flochten und das wir bis zum
ersten Schneefall mit frischen Tannenzweigen und
Heidekraut schmückten, war alles, was an Tiger erinnern durfte.

Ich lernte in diesem Herbst gerade Lesen. Bis dahin
hatte mir meine um vier Jahre ältere Schwester Szenen
aus Flußmärchen oder mit Unterwasserwesen verbundenen Abenteuern in verschiedenen, hohen, kräch-
zenden oder so tief wie ihr nur möglichen Stimmen
des beteiligten Personals erzählt. Beseelt von Miras be-
geisterndem, jeweils vor dem Einschlafen im Dunkel
unseres gemeinsamen Zimmers dargebotenen Theater
sprach ich nach Tigers Verschwinden in der Flut tagelang mit der Stimme eines bösartigen, am Flußgrund
lauernden Hexers. Ich schrie, ich heulte und knurrte,
bis meine Schwester mir sagte, daß ich mit meinem
Geschrei keine Märchenfigur nachahmte, sondern unseren Vater.

Ich habe den Gedanken, der mich damals bis in
meine Träume verfolgte, auch später nie völlig aufgegeben: Daß mein Vater deswegen niemanden schlagen, verletzen oder mit einer Axt, einem Messer oder
irgendeiner Waffe bedrohen mußte, weil er jeden Ver-
ursacher seines Zorns allein mit der überwältigenden

Kraft seiner Stimme in die Flucht, ja in den Tod *brüllen* konnte. Selbst wenn er zur Knopfharmonika, die ein Maschinist aus dem Laufkraftwerk IV an manchen Samstagabenden an unserem Eßtisch spielte, eines jener Flußlieder sang, deren zahllose Strophen er immer wieder um einige spontan erfundene Zusätze ergänzte, glaubte ich manchmal die Schwingungen von Wutschreien zu hören, die in jedem Zuhörer das Gefühl wachrufen konnten, im nächsten Augenblick ins Bodenlose zu fallen, in einen reißenden Fluß, in den Abgrund.

Wenige Tage bevor sie meinen Vater verließ, uns alle verlassen mußte, um in einer aus fünf Bussen bestehenden Deportationskolonne in ihre adriatische Heimat zurückzukehren, hörte ich meine Mutter das Wort *Teufel* flüstern: Vater sei ein Teufel. Und ich glaubte an jenem Tag endlich eine Erklärung gefunden zu haben für seine rätselhaften Verwandlungen – vom lachenden Spielgefährten zum wütenden Dämon, vom tagelang schweigenden oder nachsichtigen Mann zum Flußlieder heulenden Sänger oder einem im Schlauchboot durch die Gischt reitenden Fallmeister zum ängstlichen Nichtschwimmer, der nie ohne eine Korkweste ans Wasser ging: Er war der Teufel. Er konnte seiner Stimme jeden Klang geben und jede Gestalt annehmen. Nur der Teufel konnte einmal als der heilige Nepomuk und gleich darauf als Henker erscheinen, der ein gefesseltes Opfer mit Steinen beschwerte und es ins Wasser stieß. Nur der Teufel konnte die Gestalt einer Wasserlilie annehmen und im nächsten Augenaufschlag zur sirrende Libelle werden, zum Eisvogel, blutgierigen Troll oder wispernden Verführer, der auf die von ihm Betörten einen Schauer aus weißen Rosenblättern herabregnen ließ.

Möglicherweise, so wurde mir in den schlaflosen Nächten während meiner ersten Arbeitsmonate als Strömungstechniker am Oberlauf des Blauen Nil bewußt, möglicherweise war der Jähzorn meines Vaters aber auch bloß Ausdruck seiner Hilflosigkeit der Tatsache gegenüber, daß die Zeit verging, daß die Epochen von Fallmeistern und des Glaubens an Flußgeister unwiderruflich Vergangenheit waren, daß er weder meine Mutter noch einen anderen geliebten Menschen für immer festzuhalten vermochte und, was immer Gegenwart zu sein schien, ebenso unwiederbringlich und in wirbelnder Bewegung an ihm vorüberjagte wie der Lauf des Weißen Flusses.

Für mich jedenfalls steht fest, daß mein eigener, bereits in diesen Kindheitsjahren manchmal hochkochender und gelegentlich erstickender Jähzorn eine Art Fortsetzung der Empörung meines Vaters war, eine Verwandtschaft von vergleichbarer Deutlichkeit wie einige Linien und Schatten meiner Gesichtszüge, die den seinen mit jedem Jahr meines späteren Lebens ähnlicher wurden. Vielleicht aus Verzweiflung über das Verschwinden meiner Mutter, vielleicht auch, um der Angst vor dem Gebrüll meines Vaters eine eigene

Demonstration von Macht entgegenzusetzen, begann ich damals zu töten.

Manche meiner Kindheitserinnerungen erscheinen mir oft wie verschleiert von jenem Wasserstaub, der das Fallmeisterhaus immer wieder einhüllte oder bei winterlich tiefem Sonnenstand mit einem Flor aus Spektralfarben umgab – undeutlich in einigen Erinnerungsbildern selbst das sonnenverbrannte, knochige Gesicht meines Vaters, das zu einer Grimasse des Mitleids wurde, wenn er einen meiner Versuche beobachtete, Hornissen mit einer Schere im Flug zu zerschneiden.

Er zog dann die Luft durch die aufeinandergepreßten Zähne wie in einem plötzlichen Schmerz und schloß die Augen. Das kaum hörbare Pfeifen, mit dem er so Atem für sein Mitleid zu holen schien, war alles, was von seinem Seufzer zu hören war. Und wenn er, der so oft Gefürchtete, die Augen wieder öffnete, hatte ich das Insekt entweder tatsächlich im Flug entzweigeschnitten oder, was weitaus häufiger geschah, verfehlt und die Schere bloß zu einer Stichwaffe zugeklappt, mit der ich zornig ins Leere stieß. Mein Vater sagte dazu nie ein Wort und versuchte auch nie, mich von meinen Angriffen abzuhalten. In diesen Augenblicken war wohl ich der Teufel und er nur Zeuge meiner Mordgier.

Als Kind und noch als Student der Hydrotechnik tötete ich oft. Unter den vielen Tieren, die mir als

Jagdbeute oder bloße Figuren in tödlichen Spielen zum Opfer fielen, wurden Hornissen zu meinen gefährlichsten Feinden. Wie zur himmlischen Bestätigung meiner Wut hatte ich auf einem der Erinnerung an ein blutiges Scharmützel am Oberlauf des Weißen Flusses gewidmeten Denkmal am Fährhafen von Bandon eine verstörende Inschrift entziffert: Das Denkmal bestand aus einem Betonguß, der einen sterbenden Kampfschwimmer in einem Landungsboot darstellte. Sein Haupt war in den Schoß eines Engels gebettet, und in eine Bordwand des Bootes war ein alttestamentarischer Bibelspruch geschlagen. Aus welcher Quelle die drohenden Zeilen stammten, sollte ich allerdings erst Jahre später erfahren:

So wird der Herr, dein großer Gott, mit allen Feinden verfahren: Er wird Hornissen unter sie senden, damit sie alle, selbst die Fliehenden und alle, die sich vergeblich zu verbergen suchen, getötet werden. Fürchte dich nicht. Dein großer und schrecklicher Gott ist mit dir.

Ich erinnere mich, daß ich bei meinem ersten Leseversuch an diesem Mahnmal Mira um Hilfe bitten mußte und dann meine Finger über die in den Beton geschliffenen oder geschlagenen, bemoosten Buchstaben dieses Spruchs gleiten ließ wie über versteinerte, pelzige Tierchen.

In den Sommerwochen rannte ich damals fast täglich den Kundschaftern von Hornissenschwärmen mit geöffneter Schere nach, wenn sie an der Südseite des Fallmeisterhauses entlangschwirrten, um nach einem alten Einflugloch oder einem sicheren Ort für einen Neubau ihrer grauen, schwebenden Festungen zu suchen. Mira, die sich an diesen Jagden niemals beteiligte, weil sie ihre gläsernen Knochen nicht in einem für sie sinnlosen Spiel gefährden wollte und zudem an Abenteuern nicht interessiert war, die nur größtmögliche Schnelligkeit, nicht aber tänzerische Geschicklichkeit erforderten, warnte mich immer wieder vor drohenden Gegenangriffen meiner Opfer. Aber ich hielt solche Warnungen für bloße Versuche, meine Überlegenheit in einer der wenigen Fähigkeiten abzuwerten, die ich besser als meine Schwester beherrschte.

Einige Hornissenkundschafter und ihnen nachfolgende Schwärmer wurden dann auch zu den ersten und einzigen meiner Opfer, die sich jemals gegen meine Mordlust zur Wehr setzten und mich an einem Sonntagmorgen in einem rasenden Gegenangriff beinahe getötet hätten. Sieben von ihnen zerstachen mich so sehr, am Hals, am Handgelenk, an den Schläfen, daß mein Vater mich auf die Ladefläche seines Pickups bettete, weil ich nur noch liegend und in nasse, eiskalte Tücher gehüllt, atmen konnte. Meine Finger waren immer noch um den Griff der Schere verkrampft. Selbst meine Mutter, die mich wie der Engel auf dem Denkmal in ihren Armen hielt, vermochte sie nicht zu lösen. Weil Helikopter in der Schlucht am Großen Fall nicht landen konnten, mußte ich in einer rasenden Fahrt auf einem steilen Karrenweg zum Rand der Schlucht gebracht werden. Ich sah die Bäume am Weg als himmelhohen Zaun vorüberjagen. Meine Mutter beugte sich über mich, umklammerte meine Scherenhand, überschüttete mich mit Kosenamen und sprach, wenn ich die Augen schloß, wie von Sinnen auf mich ein, um mich vor der Bewußtlosigkeit, in der ich ersticken konnte, zu bewahren.

Auf der weitläufigen Aussichtsterrasse des Gasthauses *Zum Fall*, einer ehemaligen Flößerschenke, von der sich spektakuläre Blicke auf die Wasserschauspiele in der Tiefe boten, wurde ich dann auf einer Trage in einem jener Rettungshubschrauber festgeschnallt, auf die ich so oft mit ausgestrecktem Arm aus der Tiefe gezielt und Phantasiefeuerstöße abgegeben hatte. Der Helikopter war von einem Hospiz stromabwärts aufgestiegen, in dem vor allem Personal aus den Laufkraftwerken und Energietechniker dem Ende ihres Lebens entgegendämmerten.

Jedesmal, wenn wir nach diesem Sonntag an der von Kajakfahrern und Flußtauchern besuchten alten Flößerschenke vorüberfuhren oder auf der Aussichtsterrasse eine Feiertagsmahlzeit einnahmen, sagte meine Mutter, daß mir hier, so hoch über dem Großen Fall, mein Leben ein zweites Mal geschenkt worden und jeder Besuch hier oben wie ein Geburtstag sei. Und mein Vater antwortete dann stets und mit den immergleichen Worten, wie in einem zeremoniellen Dialog: *Wir kommen aus dem Wasserstaub und werden ins Was-*

ser zurückkehren … Es war eine Zeile aus einem jener Flußlieder, die er zur Knopfharmonika sang.

Das Donnern des Großen Falls war selbst auf den moosbewachsenen Betonterrassen am Schauplatz meiner Wiedergeburt noch laut, aber im Fallmeisterhaus am Grund der Schlucht so übermächtig, daß selbst meine nachsichtige Mutter dort manchmal schreien mußte. Schreien, wenn sie mich besänftigen wollte und um Gnade für meine Opfer bat, Gnade für Küchenfliegen und wilde Bienen, die ich mit einem Zinnbecher am Fenster fing und in heißem Wasser oder einem Schnapsglas ertränkte. Gnade für Blindschleichen, Frösche und Libellen, zumeist aber für Feldmäuse, die ich in Lebendfallen ihrer Todesangst überließ, bis ich sie dem Kater als Gefangene in der Falle vorführte, um seine Blutgier zu wecken. Dann öffnete ich die Gittertür des Gefängnisses und scheuchte die Mäuse in den Tod.

Gebannt von der Mitleidlosigkeit, mit der Tiger die Freigelassenen fing und immer wieder aus seinen Krallen entließ, um Jagdtechniken zu üben, blieb ich von Gnadengesuchen ungerührt. Wenn meine Mutter dem Schauspiel vorbeugen wollte und die Freilassung eines gefangenen Opfers noch vor der Auslieferung an den Kater zu erwirken versuchte, flüchtete ich mit meiner Falle in eine geheime Arena, eine Felsnische am Ufer, in der Feldmäuse als die *Gladiatoren* oder *Sklaven* meiner Phantasie gegen wilde Tiere kämpfen mußten.

Der Kater, mein Tiger in diesem Schauspiel, mein Löwe, meine Bestie zeigte mir aber auch den Weg aus der nackten Blutgier, indem er mir vorführte, wie man einem Opfer nach qualvollen Jagdszenen und Scheinfreilassungen mit einem einzigen Biß das Genick brach, um die Beute zu fressen. Das dem Leben und Überleben dienende Fressen und die Gleichgültigkeit der Natur gegenüber dem Leiden der Beute wurden mir schließlich zur Rechtfertigung für meine Spiele mit dem Tod.

Ich begann, in den flußaufwärts des Großen Falls gelegenen Auen des Weißen Flusses Regenbogenforellen und Bachsaiblinge mit bloßer Hand zu fangen, indem ich mich auf einem aus dem Wasser ragenden, grasbewachsenen Felsen auf die Lauer legte. Ich ließ die Hand oft eine halbe Stunde und länger ins Wasser hängen, bis sich die ruhig in der Strömung schwebenden Fische an die reglose Klaue gewöhnten – und sie allmählich vergaßen. So konnte ich meinen Daumen und Zeigefinger langsam, sehr langsam, wie eine geöffnete Klammer, über die sanft fächelnde Schwanz- und Rückenflossen bis hinter die fächelnden Kiemen heranführen, dann plötzlich und mit einem begeisterten Schrei zupacken und meinen Fang aus seinem Element ins Gras schleudern.

Weil mich vor dem sich windenden, naßkalten Fisch ekelte, wollte ich ihm weder das Rückgrat brechen noch den Kopf an einem Stein zerschmettern, sondern ließ ihn im Gras ersticken, sah zu, wie seine

Regenbogenhaut stumpf und seine Augen glanzlos wurden, und stieß dem endlich reglosen Fang später eine entrindete Gerte ins Maul, an der ich ihn auf einer von Treibholz übersäten Schotterbank manchmal bis zur Verkohlung briet.

Mein Feuer loderte stets höher, als es der Größe der Beute entsprach, so als ob das weiße Fleisch in den Flammen nicht garen, sondern wie ein Schuldbeweis vernichtet werden sollte. Nach Königslibellen, die sich in rasenden Flugfiguren aus den Rauchschwaden retteten, warf ich mit Steinen und weinte manchmal über mich selbst, wenn ich meine entstellten Opfer aus der Glut nahm und voll Ekel aufzufressen begann.

Meine Mutter verließ die Grafschaft Bandon, verließ meinen Vater, verließ ihre gläserne Tochter und mich in einer aus fünf Bussen bestehenden Deportationskolonne bei strömendem Regen. Es war ein kalter Morgen im späten Oktober, an den ich gewiß noch denken werde, selbst wenn die Erinnerung an alle anderen Tage meines Lebens erlöschen sollte. Ich war damals überzeugt, daß meine Mutter den zweiten dieser Busse nicht allein wegen eines mitleidlosen Gesetzes bestieg, sondern weil die Leere und Sprachlosigkeit, der Abgrund zwischen ihr und meinem Vater, den auch Mira und ich Tag für Tag aufklaffen sahen, unüberbrückbar geworden und ihre Verlassenheit auch von meiner Schwester und mir nicht mehr zu lindern war.

Mein Vater und Jana hatten seit Monaten kaum noch miteinander gesprochen, schliefen getrennt in weit auseinanderliegenden Zimmern des Hauses und nahmen sogar ihre Mahlzeiten erst ein, wenn der jeweils andere den Tisch verlassen hatte. Aber trotz all dieser in Feindseligkeit und Schweigen umgeschlagenen Liebe wurde mit Janas Rückkehr in ihre adriatische Heimat in Wahrheit nur ein Gesetz erfüllt: Die *Quoten,* mit denen die Zahl der in die Grafschaft Bandon aus Kriegs- und Elendsgebieten eingewanderten Flüchtlinge oder aus anderen Gründen Zuflucht suchenden *Barbaren,* wie es abschätzig hieß, geregelt wurden, waren innerhalb von nur zwei Jahren ein weiteres Mal gesenkt worden. Hatten gesenkt werden müssen, wie es in jenen Bekanntmachungen der Behörde hieß, die, mit Statistikbalken, Kurven und manchmal auch Fotos von heillos überfüllten Lagern illustriert, dreimal am Tag zu den ersten Takten der Bandoner Hymne über die Bildschirme huschten.

In den Schulbüchern meines Vaters, jenen stockfleckigen, letzten Büchern im Fallmeisterhaus, in dem ansonsten wie in den Häusern der gesamten Grafschaft Schriften und Nachrichten vor allem von Bildschirmen oder Projektionsflächen, aber kaum noch vom Papier gelesen wurden, stand für diese Quotenregelung ein altmodischer, beinah vergessener Name: *Säuberung.* Denn in der Vielzahl der Nationalitäten, der Clans, Stämme und Zwergstaaten wie die Grafschaft Bandon, in die der europäische und später auch der nordamerikanische Kontinent in einer über Jahrzehnte abrollenden Zeitlupe zerfallen waren, achtete jedes abgesprengte Bruchstück einstiger Größe, das in einem Geländewagen an einem einzigen Tag zu durchqueren war, darauf, sich von anderen Bruchstücken abzugrenzen und den eigenen Glanz, die eigene Geschichte und Bedeutung in möglichst strahlendem Licht darzustellen.

Kommissariate, Republiken, Grafschaften, Alpenbezirke, Matriarchate, Patriarchate, Herzogtümer und welche Namen sich die Zwerge auch immer gaben – jede Scherbe wollte ihre eigene Hymne, ihre eigene, grotesk kostümierte und bis zum Staatsbankrott hochgerüstete Armee, ihre eigene Heraldik und wollte vor allem: eine eigene triumphale Geschichte und wollte selbst innerhalb der Evolution einen eigenen, ganz besonders heroisch gewundenen Weg von der Affenhorde zum bissigen Kleinstaat zurückgelegt haben. So unterschiedlich alle diese Kleinstaaten, alle diese Stämme, Clans und bösartigen Zwergenreiche auch waren, die entlang von Abertausenden Uferkilometern ihre vermeintliche Einzigartigkeit feierten – an einem Glauben hielt doch jede dieser Scherben einer nahezu vergessenen kontinentalen Größe mit fanatischer Beharrlichkeit fest: Der jeweils andere stand in der Ordnung der Welt unter dem eigenen Rang. Nur der eigene Rang glänzte, und seine Strahlkraft mußte mit allen Mitteln gegen den minderwertigen Rest der Welt verteidigt werden.

Seit nach dem Ende der Epoche fossiler Energien nicht nur in Asien und Afrika, sondern auch im zerrissenen Europa immer wieder *Wasserkriege* ausbrachen, war selbst den dümmsten Despoten klar geworden, daß alles Leben und alle Herrschaft aus dem Wasser kam und nicht bloß in Mündungsgebieten, sondern vor Staudämmen und der Ableitung von Strömen und Zuflüssen endete. Reich konnte nur sein oder werden, wer über Süßwasser verfügte und imstande war, es über schwundsichere Leitungen in Dürregebiete oder von Staubfahnen durchzogene Wüsten zu verkaufen. Auch wenn Meerwasser entsalzt und zur Not trinkbar gemacht werden konnte, war diese fade, von Zusätzen vergiftete Brühe im Vergleich etwa mit der Klarheit des Weißen Flusses nicht viel mehr als Zinn oder Blei gegen Gold.

Auch wenn es schon in den Schuljahren meines Vaters weder Grafen noch Fürsten und Könige, sondern nur noch korrupte, oft auf Lebenszeit gewählte Kuratoren und Treuhänder gegeben hatte, waren doch in einer neuen Weltordnung die alten, mit dem Lorbeer der Erinnerung geschmückten Namen wieder in Kraft getreten: Herzogtum. Grafschaft.

Grafschaft Bandon, zum Beispiel.

Seltsamerweise wurde mir die Lächerlichkeit dieses aufgeblasenen Benennungswahns erst in meinen Jahren an den großen Strömen Brasiliens, Afrikas und Asiens bewußt. Denn in kontinentalen, ja globalen Dimensionen operierten längst nur noch Konzerne, die alle Wasser- und Energiegeschäfte unbeeindruckt von den Gesetzen und Verfassungen selbst einer Hundertschaft regionaler Parlamente im Interesse unsichtbarer Aktionärsversammlungen regelten und sich bei Bedarf über hinderliche Vorschriften hinwegsetzten, ohne auch nur das Tempo ihrer profitablen Maßnahmen zu verringern. In den meisten Fällen genügte es ja, zu kaufen, was störte. Zu kaufen, dann abzuschaffen. Alles, wirklich alles hatte schließlich seinen Preis.

Wenn im Gewirr zahlloser Grenzen, von denen die Kontinente nun wieder eingeschnürt wurden, ein allmählicher, heimlicher Prozeß der Vermischung die Reinheit irgendeines *Eigenen,* irgendeines Staatszwerges zu trüben drohte, wurden gefährdete Landstriche mit der Vorgabe von *Quoten* durchkämmt, um die von Gesetzen und Vorschriften geschützte Reinheit wiederherzustellen.

Meine Mutter Jana, die nach dem vierten der dalmatinischen Kriege, in denen sie ihre Eltern, zwei ihrer Brüder und viele Freunde im Bombenhagel und im Scharfschützen- und Minenfeuer verloren und dann nacheinander in drei verschiedenen Kommissariaten und schließlich in unserer Grafschaft Zuflucht gefunden hatte, war von meinem Vater aus einem Auffanglager mit der Bedingung freigekauft worden, daß die Gültigkeit dieses Geschäfts mit dem Ablauf der Quotenfrist enden und neu festgelegt werden müsse.

Mein Vater suchte damals eine Grafikerin für das Museum am Großen Fall und war überzeugt, daß einer so seltenen Qualifikation wie die einer Grafikerin, über die meine Mutter verfügte, gewiß auch künftige Neufassungen einer Quote nichts anhaben würden. Also kam meine Mutter bis auf Widerruf, aber mit der Hoffnung ins Fallmeisterhaus, hier ein Leben führen zu können, das nicht von Ablaufdaten bedroht war.

Aber sie hätte auch dieses Leben wohl schon lange vor ihrer *Rückführung* an jenem kalten Oktobertag beendet und ihren Fallmeister, den Garanten ihrer Rettung, verlassen, wenn nicht Mira und ich gewesen wären. Als sie nach unserer Fahrt auf der Ladefläche des Pickups hinauf zum Gasthaus Am Fall, wo die Buskolonne wartete, den zweiten dieser Busse bestieg, mußte sie mit ihren im Wasserstaub geborenen Kindern ausgerechnet jene beiden Menschen zurücklassen, deretwegen sie so lange im Donnern des Großes Falls ausgeharrt hatte.

Jana, Mira und ich waren auf dieser Fahrt zum Schluchtrand empor dicht aneinandergedrängt unter einer Plane gekauert und hatten gehofft, diese Fahrt würde nie enden, nie, damit wir für immer an unsere Mutter gelehnt im Halbdunkel kauern durften wie in einem von keinem Gesetz zu erreichenden Versteck. Obwohl der Regen tiefe Rinnen ausgeschwemmt hatte und die Fahrt rumpelnd und von ununterbrochenen Schlägen zerhämmert wurde, glaube ich nicht, daß mein Vater sich durch das Fenster der Fahrerkabine auch nur ein einziges Mal nach seiner Familie umgedreht hatte.

Mira und ich hätten damals alles darum gegeben, mit Jana ans Meer, für immer ans Meer zu reisen, zu fliehen. Aber wer an diesem Abschnitt des Weißen Flusses geboren war, galt als *rein* und durfte nicht bloß, sondern mußte bleiben. Wenn es irgendeine Arbeit, irgendeinen Auftrag gab, der ihn an einen anderen Ort des Kontinents oder in noch weitere Ferne versetzen konnte, dann war es die Arbeit am Wasser, das in den vergangenen Jahrzehnten natürlicher und zivilisatorischer Katastrophen zum kostbarsten Rohstoff geworden war.

Als unsere Mutter ihren Bus mit so kleinem Gepäck bestieg, daß der uniformierte Fahrer die bei unserer Ankunft geöffnete Ladeklappe wieder zufallen ließ. Als sich dann auch die Falttüren des Busses mit einem langgezogenen Fauchen schlossen, war durch die dunklen, fast schwarz getönten Scheiben nicht mehr zu erkennen, ob dieses Gefährt leer oder allein mit meiner Mutter, allein mit Jana besetzt war. Mira bedeckte ihr Gesicht mit den Händen, als würde sie von dieser undurchdringlichen, spiegelnden Front geblendet. Und ich begann, Steine nach dem schwarzen Glas zu werfen. Dieses verfluchte Glas sollte zerspringen und offenbaren, ob der Bus tatsächlich nur meine Mutter davontrug oder mit ihr auch andere Unglückliche, die bei ihr, die mit ihr waren und ihr beistehen konnten.

Mira sagte kein besänftigendes Wort, wie sie es sonst immer tat, wenn ich dabei war, ein Gebot zu verletzen. So sprang vom schwarzen Glas Stein um Stein auf mich und meine Schwester zurück.

Mein Vater war zum Abschied nicht aus dem Pickup gestiegen, sondern hatte, nachdem wir von der Ladefläche geklettert waren und Janas kleines Gepäck abgeladen hatten, bloß das Lenkrad umklammert und war mit heulendem Motor in die Tiefe zurückgefahren, als wollte er von dieser Stunde an nicht nur von seiner Frau, sondern auch von seinen Kindern nichts mehr wissen.

Dann setzte sich die Buskolonne in Bewegung. Nur Jana war eingestiegen. Jetzt gab es niemanden mehr, der mich davon abgehalten hätte, keuchend neben den anfahrenden Bussen herzulaufen und Steine zu schleudern, bis die Kolonne Fahrt aufnahm und das letzte meiner Wurfgeschosse ins Leere fiel.

3

Mesopotamien

Kongo.

Amazonas.

Yangtsekiang.

Weißer Nil.

Mekong.

Jenissei.

Amur.

Indus.

Orinoco.

Unter Hydrotechnikern wurden schon in den Jahren meines Studiums der Strömungslehre die Namen der großen Fließgewässer auf Listen geführt und in den Einsatzberichten gehandelt wie Jetons unterschiedlicher Farben und Werte auf einem Spieltisch. Dabei bestimmten nicht bloß die Länge und Mächtigkeit eines Stromes seinen Wert, sondern mehr noch die Umstände, unter denen an seinen Ufern und Nebenflüssen gearbeitet werden konnte. Wurden dort etwa Wasserkriege geführt, Kämpfe um Flutungs- und Mündungsgebiete, oder waren durch Absiedelung von

Dörfern und ganzen Städten am Grund künftiger Stauseen Aufstände oder bürgerkriegsähnliche Unruhen zu befürchten, dann stieg der Wert eines Arbeitseinsatzes an umkämpften Ufern beträchtlich und konnte einer Bewerbung um einen hochbezahlten Folgeeinsatz im nächsten *Hoffnungsgebiet* der Energiegewinnung förderlich sein.

Im Labyrinth europäischer Kleinstaaten hielten die Hydrotechniker als eine Kaste neuer Aristokraten eine Ahnung von verlorener Größe wach, gehörten sie doch selbst in Grafschaften wie der von Bandon zu jenen privilegierten gesellschaftlichen Schichten, die über Dutzende Grenzen hinweg gültige Reisepässe, manchmal sogar Pässe von globaler Gültigkeit besaßen. Ein Netz von Wassersyndikaten, das die Kontinente umspannte, beförderte die Entstehung neuer Eliten. Wem es gelang, sein Leben im Dienst dieser Syndikate an Wasserläufe und Ströme zu binden, der erreichte irgendwann nicht bloß das Meer, erreichte Wohlstand, wenn nicht Reichtum, sondern oft auch eine Freiheit, die für den Rest der Küsten- und Binnenlandbewohner utopisch war. Denn nach Jahrhunderten der Kriege und Kämpfe um die unterschiedlichsten Energieformen, um Rohstoffe und fossile, unersetzbare Ressourcen, war dem Wasser wie in einem evolutionären Prozeß wieder jene Bedeutung zugefallen, die es in der Tier- und Pflanzenwelt seit je als ein umkämpfter, kostbarer, an den Rhythmus von Regen- und Trockenperioden und Jahreszeiten, an Schneefall und Gewitterwolken gebundener Stoff gehabt hatte. Im Wasser lag nicht bloß der Anfang von allem, sondern mehr als je zuvor alle Macht und alle Zukunft.

Auch wenn die Menge des gefallenen Regens selbst in blutigen Jahrhunderten nicht abgenommen hatte und durch die Schmelzung der Gletscher und des polaren Eises den Kontinenten sogar weiteres Süßwasser zugeführt worden war, das den Meeresspiegel steigen und steigen und dabei ganze Inselgruppen und Abertausende Kilometer Küstenlinien versinken ließ, hatte die durch industrielle und zivilisatorische Sickergifte verursachte Verseuchung selbst des steinzeitlichen und noch älteren Grundwassers bei allem Überfluß doch zu einer dramatischen Verknappung geführt.

Klares, trinkbares oder zur Trinkbarkeit veredeltes Wasser war knapp und stand nur noch den Reichsten unbegrenzt zur Verfügung. Kein Rohstoff war wertvoller als Wasser, das von Hydrotechnikern gefördert, gespeichert und in verdorrte Landstriche gepumpt wurde. Jene Mahnung, daß selbst der maßloseste Ausbeuter eines Tages begreifen würde, daß niemand sein Geld fressen konnte, war durch den Kalenderspruch ersetzt worden, daß selbst der gierigste Spekulant eines Tages eingestehen mußte, daß man in Geldflüssen nicht schwimmen und aus ihren Quellen weder ein Feld bewässern noch den Durst stillen konnte.

Die Arbeiten an den Dammbauten am Rio Xingu waren durch ein kolumbianisches Syndikat wegen der

Überfälle der vom Untergang bedrohten Kayapó und anderer Waldbewohner bis zur militärischen Lösung des Problems ausgesetzt worden. Daher hatte ich zwei Monate in der Grafschaft Bandon und dort vor allem an den Zu- und Abflüssen des Großen Falls verbracht, bevor meine noch in Brasilien beantragte Versetzung an den Mekong bestätigt wurde. Der Wechsel vom Amazonas an den Mekong, an die *Mutter aller Ströme,* war mir gelungen, weil die in meinen Einsatzdokumenten verzeichnete Zahl der *Quellsiegel* bereits die Hundert überschritten hatte und meine Eignung zur Arbeit an allen Strömen der Welt damit feststand.

Ich war fast zwei Jahre nicht in Bandon gewesen und fühlte mich bei meiner Ankunft in eine andere Zeit versetzt. Aus einigen Fenstern des Fallmeisterhauses winkte Zittergras, auf der Schwelle zum Werkzeugschuppen hockte ein Moospolster, den ich aus der Entfernung mit einem schlafenden Tier verwechselte, die Bootsgassen, Schleusentore und Treppelwege, über die zahlende Besucher sich der Sensation des Großen Falls gefahrlos nähern konnten, wirkten seltsam verlassen, obwohl auf den das Weißwasser überbrückenden Stegen zwischen den Bootsschuppen immer noch Touristen aus den Dürregebieten im Norden standen und ihre Kameras wie Miniaturmonstranzen oder Fetische beschwörend gegen die donnernde Flut erhoben.

Ich fühlte mich wie der in Schul- und Physikbüchern

gelegentlich beschriebene Passagier eines Raumschiffs, der jahrelang mit Lichtgeschwindigkeit unterwegs gewesen war und bei seiner Rückkehr erfährt, daß von jener Welt, aus der er irgendwann aufgebrochen war, nichts überdauert hat: Während die Zeit am Ort seines Aufbruchs im gewohnten Fluß vergangen war und Menschen geboren wurden, aufwuchsen, lebten, ihre Kräfte wieder verloren und starben, hatte sich für den Passagier in seiner ungeheuerlichen Reisegeschwindigkeit die Zeit nach den Gesetzen der Physik verlangsamt, war ein einziger seiner Reisetage als ganzes Jahr oder Jahrzehnt für seine auf einem zur Wüste verdorrten Planeten zurückgebliebenen Zeitgenossen verflogen, von denen bei seiner Rückkehr nichts mehr geblieben war als die Erinnerung.

Das Museum am Großen Fall wurde provisorisch von einem pensionierten Klärtechniker betreut, der kein feuchtes Quartier im Wasserstaub bewohnen wollte und deshalb seinen täglichen Dienst aus einem mit Antennen benagelten Wohnwagen in Bandon antrat. Er erschien Morgen für Morgen an den Meßstationen am Großen Fall, leerte und befüllte die Automaten am Fallmeisterhaus, aus denen Besucher Eintrittskarten, Süßigkeiten und Flaschen mit schalem Mineralwasser ziehen konnten, und kehrte nach Sonnenuntergang wieder in seine mobile Unterkunft zurück. Manchmal benutzte er für seine Dienstwege nicht den von der Flußbehörde zur Verfügung gestellten, verzinkten und damit rostresistenten Elektropickup, den mein Vater gegen die Vorschrift in Tarnfarben lackiert hatte, sondern ein Pferd groß wie ein Schlachtroß, für das er im Stall einer Bandoner Gesellschaft für berittene Hetzjadgen eine Box gemietet hatte.

Und Mira! Meine gläserne Schwester Mira war nur noch eine Stimme am Satellitentelefon, die mir Vorwürfe machte, daß ich ihr nach dem Verschwinden unseres Vaters nicht beigestanden war und ihr die Räumung des Hauses und Ordnung seiner Angelegenheiten allein überlassen hatte.

Hätte ich wegen einer Entrümpelung aus Amazonien anreisen und damit meine am Rio Xingu erworbenen Befähigungsnachweise und Quellsiegel gefährden sollen?

Ja, das hättest du, sagte sie, das Fallmeisterhaus war doch unser Haus.

Also fühlte sie sich von ihrem Bruder verlassen?

Nicht verlassen, sagte sie, allein gelassen. Du hast mich allein gelassen.

Am Rio Xingu hatte mich ein gedrungener, am ganzen Körper tätowierter Amazonier, der mir kaum bis zur Brust reichte und uns vom Syndikat als Übersetzer zugewiesen war, *Dein Mädchen? Deine Frau?* gefragt, als er Miras Fotografie auf meinem Zeichentisch gesehen hatte. Mira saß in ihrem Kajak, tauchte eben lachend aus einer Kenterrolle auf und schrieb mit einem Ruderblatt ihres Doppelpaddels einen glitzernden Tropfwasserbogen an das Blau des Himmels, als jagte sie, die Zerbrechliche, durch einen gläsernen

Fluß dahin. Und ich hatte genickt und gesagt: *Mein Mädchen.*

Mira. Was für ein Abenteuer, wenn sie stumm, ohne einen Laut, zugelassen hatte, daß ich ihr an irgendeinem unserer Sommernachmittage am Ufer des Weißen Flusses mit meiner Zungenspitze Flußläufe, Seen und Küstenlinien auf ihren nackten, von der Sonne gewärmten Bauch gemalt hatte. Was für ein glatter, duftender, von einem nur acht Lichtminuten entfernten Stern gewärmter Malgrund.

Aber während unseres Funkgesprächs war Mira unerreichbar weit entfernt erschienen. Ich hätte sie in diesen Augenblicken gerne in die Arme genommen wie in Zeiten, in denen mich etwas beunruhigt, etwas geängstigt oder verstört hatte und ich bei ihr Zuflucht fand. Wenn ich dann mit geschlossenen Augen auf ihrem Bett lag, beugte sie sich manchmal über mich und ließ Strähne um Strähne ihres Haars über mein Gesicht fallen, einen nach Wasser und Lavendelseife duftenden Schleier, und flüsterte: Niemand sieht dich. Nur ich. Niemand findet dich. Nur ich. Niemand weiß, wo du bist. Nur ich. Ich mache dich unsichtbar. Du bist unsichtbar.

Aber seit sie, während ich noch am Rio Xingu in einem Zeltlager die tropischen Wolkenbrüche verflucht hatte, einem hochdekorierten Deichgrafen in ein Kommissariat an der Elbmündung gefolgt war und dort als seine Gefährtin eine neue Landesbürgerschaft, ohne die eine Aufenthaltsgenehmigung nicht zu erwerben war, angenommen hatte, wurden ihr die für Bandon notwendigen Reisepapiere verweigert. Grabenkämpfe im Quellgebiet des Weißen Flusses blockierten nahezu alle zivilen Bewegungen. Drei verschiedene Armeen, deren Größe verglichen mit brasilianischen Verhältnissen lächerlich war und ihre Schießereien in den Auwäldern eher wie Bandenkriege zwischen uniformierten Schlägern und Auftragsmördern aussehen ließ, kämpften um versumpftes Terrain. Man mußte, wie ich, die Papiere eines unantastbaren Hydrotechnikers vorweisen können, wollte man Straßensperren und Kontrollposten und vermintes Niemandsland passieren.

Das also war das Ergebnis meiner Heimkehr aus Amazonien: Mein Vater, Jana, Mira ..., alle und alles, was mir in den glühenden Zeiten am Rio Xingu als eine zwar ferne, aber doch erreichbare Gegenwart erschienen war, erwies sich plötzlich als Vergangenheit.

Ich fand jenen Fliegenfischer (auch er ein ehemaliger Turbinentechniker an einem der Laufkraftwerke des Weißen Flusses), der meinen Vater durch spiegelglattes Zugwasser auf den Großen Fall zutreiben gesehen und ihm vergeblich Warnungen zugebrüllt hatte. Er beschrieb mir die Reglosigkeit, mit der dieser Bootsmann aus der Flußmitte auf den Sturz in die Tiefe zuge*flogen* war.

Der Mann habe, sagte der Fliegenfischer, während er Vogeldaunen mit einer Pinzette aus einer Spanbüchse zupfte, um sie zu einer kunstvollen Fliege zu binden, der Mann habe die Fahrt der Zille selbst dann mit keinem Ruderschlag korrigiert, als die Strömung das Gefährt drehte und ihn mit dem Rücken zum Fall in den Abgrund zog. Wie erstarrt, ja wie eine Statue, das Steuerruder mit beiden Fäusten umklammert, ohne es zu bewegen, habe sich der Fallmeister, den er irgendwann selbst auf diese Entfernung an seinem blauen Helm und natürlich an der Festtagszille erkannt hatte, ohne die geringste Gegenwehr der Übermacht des Weißen Flusses überlassen.

Mit dem Rücken zum Großen Fall in den Tod. Vielleicht, dachte ich, während die Stimme des Fliegenfischers leiser und leiser wurde und sich im Rauschen eines plötzlichen Regenschauers aufzulösen begann, vielleicht war der Anblick der weißen Tiefe, aus der Wasserstaubwolken emporrauchten wie die Atemluft eines Titanen, selbst für einen Selbstmörder nicht zu ertragen. Menschen, die von Türmen oder dem Rand einer Schlucht in den Tod sprangen, schlossen doch auch oft ihre Augen, bevor sie sich von ihrem letzten Halt lösten.

In den nächsten Tagen saß ich stundenlang mit dem interimistischen Nachfolger meines Vaters vor seinem Wohnwagen und ließ mir den Hergang des Unglücks am Nepomukstag beschreiben. Aber was er erzählte, wußte ich längst von Mira und anderen Teilnehmern des *Wasserfestes* am Nepomukstag. Auch der Nachfolger hatte nichts wahrgenommen, was auf einen Fehler oder ein Verschulden meines Vaters hingewiesen hätte. Er habe auch keine Hilferufe der Gekenterten gehört, nur die Entsetzensschreie der an den Ufern versammelten Festgäste und das an fernen Donner erinnernde Geräusch, als die kieloben davontreibende Zille mit aller Wucht der Strömung an den ersten jener Felsen schlug, an denen sie schließlich zerbersten sollte.

Ich besuchte die Tochter der Erdbeerfrau, die nun anstelle von Erdbeeren Lavendel und von Tagpfauenaugen umflatterten Sommerflieder auf ihren Beeten zog. Aus den offenen Fenstern waren weder Klavierspiel noch Gesang zu hören; es gab ja auch keine süßen Früchte mehr zu ernten und kein Publikum mehr.

Ich wanderte tagelang stromauf- und stromabwärts an beiden Ufern des Weißen Flusses, ohne den geringsten Rest, Kleiderfetzen oder Splitter der Zille, zu entdecken und stieß auf diesen von Brombeergestrüpp und Lianenvorhängen behinderten Streifzügen auf keinen einzigen Hinweis, der auf etwas anderes als ein Unglück gedeutet hätte.

In manchen Zeugenaussagen, etwa der eines Blechbläsers, der am Nepomukstag vor dem Portal der Flößerkapelle die Tuba gespielt hatte, erschien mein Vater sogar als *Held*, der den hochwirbelnden und die Kenterung der mit Festgästen voll besetzten Zille bewirkenden Wasserschwall noch durch die Schließung eines Schleusentores zu beherrschen und das Unglück so zu verhindern versucht hatte. Eine Zugkette, die bei diesem Versuch riß, sagte der Tubabläser, auch das wußte ich von anderen Bandoner Zeugen des Unglücks bereits, hatte meinem Vater das Handgelenk zerschlagen und ihn in manchen Augen zum Märtyrer gemacht, zu einer tragischen Gestalt, die schließlich an dieser Katastrophe am Großen Fall zerbrochen war.

Ich hätte also zu den verdorrten Sträußen und Kunststoffblumen, die sich unter jener Steintafel angesammelt hatten, die den Namen meines Vaters als den des vorläufig letzten Opfers des Großen Falls trug, einen weiteren Strauß oder ein von Solarbatterien gespeistes *Ewiges Licht* stellen und meinen Aufbruch an den Mekong vorbereiten können – wenn ich an einem der letzten Tage meines Aufenthaltes in Bandon nicht einen Fund gemacht hätte, der alle meine Vermutungen und Beurteilungen dessen, was an jenem Nepomukstag geschehen war, veränderte. Alles war plötzlich anders.

Ich paddelte an diesem Spätsommertag in einem der Kajaks, in denen ich gemeinsam mit Mira oft durch das Weißwasser *getanzt* war, durch vertraute Wirbel und Kehrwasserkanäle unterhalb des Großen Falls. Tanzen hatten wir diese Fahrten genannt, auf denen wir, jeder in seinem Gefährt, einander umkreisen oder einander bis zu einem vorher vereinbarten Ziel, einem Felsen oder einem hochragenden Piloten, verfolgten. Dieser Tanz gehörte zu den eindrucksvollsten Vorstellungen, mit denen meine Schwester über die Brüchigkeit ihrer

Knochen triumphierte. Auch wenn ihr schon ein Schlag mit dem Paddel gegen einen im Weißwasser verborgenen Felsen den Arm brechen konnte, habe ich in allen meinen Jahren am Fluß niemals jemanden ein Boot so leicht, ja anmutig durch das Gewirr der Strömungen steuern sehen wie Mira. Auch was ich selber von den Paddelschlägen, Kenterrollen und anderen Manövern im Wildwasser wußte, hatte sie mir gezeigt.

Obwohl der Nachfolger meines Vaters den in einem Wellblechschuppen untergebrachten Kajakstall nicht mehr weiterbetrieb, der früher einmal den Besuchern des Großen Falls zu geführten Erkundungen in *müdem,* also ruhigem Wasser zur Nutzung bereitstand, hingen sechs dieser Kajaks immer noch im Stall. Und als ich Miras Kajak, einen veilchenvioletten *Einer,* daraus hervorzog, war niemand da, der mir dies hätte erlauben oder verbieten können. Keines der Boote hatte allerdings eine Spritzdecke, ich würde also naß werden in der Gischt. Aber der Tag war warm und die Wassertemperatur mit knapp zwanzig Grad fast noch sommerlich.

Ich war an Nebenflüssen und in den Totwasserarmen am Rio Xingu in Kanus mit einem Stechpaddel oft durch ruhiges, schwarzes Wasser geglitten und spürte jetzt, als ich nach so langer Zeit wieder im Kajak saß, die Wildheit, ja die Gewalt des Weißen Flusses. Ganz nach Miras minimalen Kraftaufwand bevorzugenden Lektionen korrigierte ich nur die heftigsten

Stöße und Schläge des Wassers und überließ mich, mehr als ich paddelte, der Grundströmung, die mich rasch zwar nicht aus der Hörweite, aber doch aus der Sichtweite des Großen Falls und jenen langgezogenen Schotter- und Sandbänken entgegentrug, an denen ich mit meinem Vater auf unseren gemeinsamen Fahrten im Schlauchboot angelandet war. Wir hatten dort Feuer entfacht und unterwegs gefangene Fische gebraten. Der Rückweg war damals mit Hilfe der beiden Außenbordmotoren ein Spiel gewesen. Was für ein Vergnügen, gegen die ungestüme Strömung anzu*reiten*. Ich dagegen wollte an diesem Tag eine hydrographische Station zwei Stunden flußabwärts nutzen, um von dort mit einem Linienbus, der in einem Stahlkorb am Heck auch Kanus, Schlauchboote und Kajaks transportieren konnte, wieder an meinen Ausgangspunkt am Großen Fall zurückzukehren.

Der Himmelsstreifen über dem tief eingeschnittenen Flußbett war wolkenlos, und daß es tatsächlich Herbst geworden war, nur an dem jähen Temperaturabfall zu spüren, wenn ich im Kajak aus sonnenbeschienenen, glitzernden Wasserflächen in den Schatten des Uferwaldes glitt. Der Vogelgesang schien für dieses Jahr bereits verstummt – keine Lieder, keine Lockrufe, nur gelegentliche Warn- oder Haßlaute und das Geflatter einer Flucht. Dann wieder Stille, in der allein das Wasser zu hören war: sanftes Plätschern an grasigen Uferpassagen, das Gurgeln eines hochdrehenden Wirbels, das ferne, langsam lauter werdende und wieder verstummende Rauschen, mit dem der Fluß an Felsen schliff oder Kiesel aus Sand- und Schotterbänken herauslöste, um sie in einem verrückten Spiel über den Grund zu rollen.

Nach kaum einer Stunde Fahrt, vorüber an felsigen, von Haselnußsträuchern und Efeu bewachsenen Steilufern, an denen sich alles, was wuchs, festkrallen mußte, um nicht ins tiefschwarze Wasser zu stürzen, kam *Mesopotamien* in Sicht, das Zweistromland. Mein Vater hatte diese langgezogene Bank aus Sand, Lehm und Schotter, die wie ein gestrandeter Wal in der Flußmitte lag, Mesopotamien getauft. Stromabwärts links sollte gemäß dieser Taufe der Euphrat dem Meer entgegenströmen, rechts der Tigris, und in der Mitte lag der Garten Eden, das Paradies. Wenn wir vor dieser Insel die Motoren hochklappten, das Schlauchboot an Land zogen und in einem Kreis aus rußgeschwärzten Steinen Regenbogenforellen und Saiblinge über einem Feuer aus Treibholz brieten, schien selbst in den Augen meines Vaters, in denen sich, hörte man ihn reden, so vieles spiegelte, was er haßte, alles so zu sein, wie es sein sollte.

Tatsächlich waren die Sommernachmittage am Ufer des Zweistromlandes wie herausgehoben aus der Zeit und ohne Jahreszahl. An dieser Insel hatte auch vor Hunderten Jahren die Strömung nicht anders genagt als in jenen Stunden, die jeweils *Gegenwart* hießen, und sie erlaubte mir, während unsere Beute über der Glut garte, mich in beliebige Zeiten und Abenteuer zu versetzen, die ich nur aus den Erzählungen meiner Mutter oder aus Büchern kannte: Ich *war* dann ein Flußpirat am Mississippi, ein Forscher am Rio Negro oder ein römischer Kundschafter, der auf der vergeblichen Suche nach einer Furt sein Lager in Mesopotamien aufschlagen mußte und unter dem Gewicht seiner Waffen im Sand kniete.

Wovon mein Vater träumte, weiß ich nicht. Aber wofür wir uns bei jeder dieser Anlandungen gemeinsam begeisterten, war eine Art Erschaffungs- und Schöpfungsspiel. In einer schmalen Bucht dieser Insel, die von Jahr zu Jahr und je nach Höhe der Schmelzwasserfluten ihre Form ändern konnte, fand sich eine graue Mischung aus Ton, Sand und Schwemmlehm, die sich mit einigem Geschick in nahezu jede Gestalt der Phantasie verwandeln ließ. Mein Vater erschuf geflügelte Fische, Stockenten, Katzen und Hunde, selbst Graureiher, die auf Beinen aus Weidenzweigen standen. Ich kam über die Welt der Kriechtiere nie hinaus – Eidechsen, Schlangen, Kröten und Flußschildkröten ... Säugetiere und Vögel überstiegen mein gestalterisches Können bei weitem. Aber war es denn nicht eine Schlange gewesen, der es gelungen war, die ersten Menschen im Schatten eines Apfelbaumes aus dem Paradies zu locken? Und hatten Schlangen dann nicht größere Macht über die von einem spielenden Gott geschaffenen Menschen als selbst ein Leopard oder Wolf?

Rede nur, sagte mein Vater, wenn ich ihm während

unserer Stunden auf der Schotterinsel solche und ähnliche Fragen stellte, rede nur.

Erst später, viel später begriff ich, daß meine und die Tierwelt meines Vaters nicht nur unterschiedlichem handwerklichen Können entsprangen, sondern daß ihnen vor allem verschiedene Geschwindigkeiten entsprachen: Seine Kreaturen flogen, sprangen, flatterten, jagten dahin, während meine sich nie von der Erdnähe lösten und bestenfalls im Wasser leicht wurden und tauchend zu schweben begannen.

Manchmal härteten wir unsere Schöpfungen am Feuer und ließen sie in Mesopotamien zurück, das sich im Verlauf eines Sommers dichter und dichter bevölkerte. Wenn nicht ein Wolkenbruch oder Dauerregen unseren Garten Eden zum Zerfließen brachte, verschwanden alle Wesen erst über den Winter und im Schmelzwasser des nächsten Frühjahrs und ließen das Zweistromland wüst und leer wie am Anfang der Zeit zurück in Erwartung eines neuerlichen Besuches von uns Schöpfern.

Ich zog an diesem Nachmittag meinen Kajak an den mesopotamischen Strand und sammelte, obwohl ich keine Fische gefangen hatte, Treibholz für ein Feuer. Die Insel lag auch in diesem Jahr in der Form eines Wals in der Flußmitte, stromabwärts war mit einiger Phantasie sogar etwas wie eine Fluke zu erkennen. An ihrem Ostufer hatten Schmelz- und Hochwasser eine meterhohe Barriere aus grauem Treibholz, verbeulten Trinkwassergallonen und gebleichten Fetzen einer Tarnplane angeschwemmt – mehr als genug Feuerholz.

Ich erinnere mich an einen Schock, der mich traf wie ein elektrischer Schlag, als ich in diesem mit Abfall durchsetzten Gewirr aus Ästen, Wurzeln und Balken einen unterhalb des Ellbogens abgerissenen Arm und die Faust entdeckte, die immer noch den Schaft einer geborstenen Ruderstange umschloß. Vom Schwemmgut halb verdeckt, lag der Arm eines Bootsmannes vor mir.

Ich habe vergessen, wie lange ich brauchte, um in diesem Bruchstück den Teil einer lebensgroßen Figur aus gehärtetem Lehm zu erkennten, ein Artefakt, dessen Schöpfer den Rest der Flußwelt möglicherweise glauben machen wollte, es wäre ein Mensch aus Fleisch und Blut gewesen, der dieses Ruder umfaßt und ein Boot flußabwärts gelenkt hatte. Aus dem Schwemmgut ragte auch eine geborstene Bugplanke, vermutlich Teil einer Zille. Hatte ein Mann aus Lehm einer kalkulierten Täuschung gedient?

Wenn das Schauspiel der Selbstmordfahrt eines von seinen Schuldgefühlen zu Tode gequälten Fallmeisters vor den Augen eines Fliegenfischers oder anderer Zeugen inszeniert werden und die Truggestalt anschließend für immer zum Verschwinden gebracht werden sollte, dann war eine Lehmfigur das perfekte Requisit: Sie mußte nach dem Sturz über den Großen Fall im Weißwasser versinken, und ihre Bruchstücke, von der Strömung über Schotter- und Felsengrund gerollt, würden wieder zu formlosem Material zerfallen.

Hatte mein Vater tatsächlich an all das gedacht – und war dieses ans Ufer des Zweistromlandes geschwemmte Fragment bloß eines jener unvermeidlichen Beweisstücke, die selbst der exakteste und kaltblütigste Plan nicht vermeiden konnte? Dabei hatte mein Vater offensichtlich auch den unwahrscheinlichen Fall berücksichtigt, daß der Fliegenfischer oder ein anderer zufälliger Zeuge am Ufer mit einem Fernglas nach dem weit draußen im Zugwasser dahingleitenden, keinem Zuruf erreichbaren Bootsmann sah. Am verstümmelten Handgelenk des Lehmarmes waren jedenfalls – als untrügliches Erkennungszeichen – noch Reste eines rot bemalten, mit dem Geschick eines Bildhauers geformten Narbenwulstes zu erkennen. Sollten das die Spuren jenes Kettenschlags sein, der dem heldenhaften Fallmeister das Gelenk zertrümmert hatte, als er an jenem Nepomukstag ein Schleusentor zu schließen und seine Opfer in den Augen des an den Ufern versammelten Festpublikums zu retten versucht hatte? Seine Opfer zu retten!

Der Schöpfer dieser Lehmfigur, ein Herr über Leben und Tod, hatte sein Abbild mit einer blutroten, überwucherten Narbe versehen, einem auch im Okular eines Fernglases erkennbaren Zeichen. Kein Zweifel, was immer diese von der Strömung zerschmetterte Skulptur vortäuschen sollte, sie war das aus Lehm geformte Ebenbild meines Vaters.

4

Strömungsumkehr

Es war am Ende der Monsunzeit während der ersten meiner drei Arbeitsperioden im Königreich Kambodscha. Ich kam aus der Provinz Kampong Thom, wo ich mit Durchflußmessungen für den Bau einer Kette von Gravitationswirbelkraftwerken beschäftigt gewesen war, und wollte einige freie Tage in der Hauptstadt Phnom Penh verbringen, vor allem, um hier das *Wasserfest,* das größte Fest des Landes, zu erleben.

Bootsmann Nhean, ein ehemaliger Lehrer, mit dem ich die Woche davor an Bord seines Hausbootes verbracht hatte, war nicht müde geworden, dieses drei Tage dauernde Fest mit seinen Drachenbootrennen, Feuerwerken, Tänzen, Prozessionen und Gesängen als den Höhepunkt des Jahreslaufes und als eine große Tröstung zu beschreiben, mit der selbst die Erinnerung an die Schreckensherrschaft der *Weißen Khmer* besänftigt werden konnte, einer blutigen Diktatur, von der ich in den Schulen Bandons kaum mehr als ein düsteres Gerücht von einer überwundenen Epoche der Grausamkeit gehört hatte.

Jayavarman, ein General der Weißen Khmer, von

seinen Gefolgsleuten ehrfürchtig *Jaya* genannt und von ihnen wie ein Halbgott verehrt, hatte den Namen jenes Khmer-Königs aus dem dreizehnten Jahrhundert angenommen, der die Tempelstadt Angkor und das Imperium der Khmer zu einer machtvollen Blüte geführt hatte. Weiß, die Farbe der Reinheit, sollte nach Jayas Willen als Banner über der triumphalen Rückkehr in die Vergangenheit flattern und vergessen lassen, daß dieser Weg zurück schon einmal über Ströme von Blut an ein Meer der Qualen geführt hatte: damals unter dem Diktat eines Bauernsohnes aus Kampong Thom, der seinen wahren Namen Saloth Sar ebenfalls abgestreift hatte, um als *Pol Pot* eine Armee von Schlächtern anzuführen, die als *Rote Khmer* Kambodscha in einen nie gesehenen Abgrund stürzten. Die wahre Farbe der Weißen Khmer war allerdings ebenso wie die ihrer roten Vorläufer die Farbe des Blutes.

Nhean waren von den Schergen Jayas im Verlauf eines vier Tage dauernden Verhörs Zeigefinger, Mittelfinger und Ringfinger der rechten Hand mit einer Blechschere abgetrennt worden, und er hatte, während er in einem Schlamm aus Kot, Blut, Urin und Erbrochenem an eine eiserne Bank gekettet blieb, alles, was seine Peiniger von ihm hören wollten, geflüstert, geschrien, gestammelt.

Er konnte seit diesen Tagen und auch an jenen Abenden an Bord, an denen er mir von seinem Leben erzählte, nur noch stotternd sprechen. Seine Frau und seine beiden Töchter waren bei einem Überfall der

Weißen Khmer in einem von außen vernagelten und dann in Brand gesteckten Tempel gemeinsam mit zwei anderen Familien verbrannt. Und wo einmal sein Haus gestanden hatte, fand sich jetzt nur noch von Kohle und Asche geschwärzter Sumpf.

Das an den Bordwänden mit den Phasen des Mondes bemalte Hausboot mit seinem Palmdach und an Schnüren winkenden Gebetswimpeln driftete nun als einzige ihm verbliebene Zuflucht auf einer Binnenseeroute zwischen den Landestegen von Phnom Penh und Siam Reap und ermöglichte ihm gemeinsam mit dem Ertrag aus dem Fischfang, den er auf seinen Fährfahrten betrieb, ein einsames Leben in Trauer.

Ich saß an diesem ersten Abend des Wasserfestes, von einem tropischen Wolkenbruch bis auf die Haut durchnäßt, auf einer der obersten Stufen der Freitreppe, die von den Palmpromenaden vor dem Königspalast zu den Uferbefestigungen an der Einmündung des Tonle Sap, des *Süßen Flusses*, in den Mekong hinabführte, und war plötzlich wie benommen von der Gewißheit, daß mein Vater ein Mörder war; ein Mörder, der den Tod jener fünf Menschen, die im Weißwasser des Großen Falls von Bandon ertrunken waren, tatsächlich gewollt und geplant hatte, ja geplant wie irgendeine andere, beliebige Unternehmung seines Lebens.

Seltsam, ausgerechnet unter den Funkensträußen eines Feuerwerks am Mekong nach Bandon, an den Großen Fall und an das mein Elternhaus umtosende

Weißwasser zurückversetzt zu werden. Ich hatte unter dem Eindruck der Bilderflut, die mich in meinen ersten Monaten in Kambodscha überwältigt hatte, lange nicht mehr an die Schauplätze meiner Kindheit und auch nicht mehr an die aus der kambodschanischen Ferne geradezu idyllisch erscheinenden Orte gedacht, die ich mit meiner zerbrechlichen Schwester Mira verband. Still wie ein See lagen die schwarzen Spiegel von Mekong und Tonle Sap im Spinnenlicht der Explosionen.

Hunderttausende Begeisterte, die sich an den Stromufern versammelt hatten und dort als kilometerlange Lichtbänder in der Finsternis erschienen, feierten mit dem Wasserfest *Bon Um Tok* nicht nur das Ende des Monsuns und den Beginn einer neuen Jahreszeit der Fruchtbarkeit und der Ernten, sondern vor allem die Tatsache, daß selbst ein großer Strom wie der Tonle Sap seine Richtung umkehren konnte, umkehren!, um wieder seinen Quellgebieten entgegenzufließen, zurück an seinen Ursprung und in die Vergangenheit, um sich am Ende des Monsuns doch wieder zu besinnen, seine Richtung ein zweites Mal umzukehren und endlich, wie alles Wasser dieser Erde, den Weg ans Meer einzuschlagen.

Die flammenden Bögen und Lichtbrücken des Feuerwerks verbanden die Ufer der vor dem Königspalast ineinander fließenden Ströme Tonle Sap und Mekong zwei, drei Herzschläge lang, bevor sie in einem glitzernden Farbenspiel erloschen, und schlugen mit dem

Donner, der ihren Blitzen nachhallte, den Takt zu der gefeierten, aller Logik widersprechenden Tatsache: *Strömungsumkehr.*

Ich saß inmitten der jubelnden Menge und glaubte plötzlich, im aufbrausenden Beifall und in rhythmischen Sprechchören die entsetzten Stimmen der Menschen zu hören, die am Nepomukstag die Verwandlung meines Vaters in einen Mörder gesehen haben mußten, ohne zu ahnen, was vor ihren Augen wirklich geschah: kein Unglück, keine Katastrophe, sondern das Drama, in dem ein Mensch sich gegen alle Regungen des Mitleids und Mitgefühls wandte, um einen anderen zu töten.

Ich hatte vom Geschrei am Großen Fall nur durch Miras Tondateien erfahren, die mich in ihren von Signalstörungen unterbrochenen Videodokumentationen am brasilianischen Rio Xingu erreichten. Aber an diesem ersten der drei Tage des Wasserfestes glaubte ich, die Entsetzensschreie im Jubel der Massen an den nächtlichen Stromufern tatsächlich zu hören.

Fünf Tote. Möglicherweise hatte mein Vater es ja dem Zufall überlassen, wie viele Menschen durch seine Öffnung der Seitenschleusen des Hangkanals zu Tode kamen – vielleicht fünf, vielleicht nur drei, vielleicht aber auch alle zwölf Passagiere der Salzzille, die dann wie ein Projektil durch einen Gewehrlauf durch den Kanal gerast war und in den Strudeln des Weißwassers kenterte.

Fünf oder sieben oder zwölf waren für ihn wohl ohne Bedeutung gewesen – um die genaue Zahl ihrer Opfer kümmerten sich schließlich auch jene Bombenleger und Quellenvergifter nicht, die in diesen Jahren in Grafschaften, Stammesgebieten und Zwergstaaten auf sich und ihre großen Ideen aufmerksam machen wollten. Tote schufen Angst. Und die Angst schuf offene Ohren und offene Augen. Was ein Mörder tat, konnte niemand überhören, niemand übersehen, selbst wenn er seine Tat leugnete.

Mein Vater hatte versucht, sich mit diesem Verbrechen zurückzuversetzen, gegen den Lauf der Zeit zurück in maßlose Träume, in denen ein Fallmeister mehr, viel mehr und einflußreicher gewesen war, als es der Kurator eines Freilichtmuseums am Weißen Fluß jemals werden konnte.

Strömungsumkehr. Ich war in den Tagen vor dem Fest der einzige Passagier an Bord von Nheans Hausboot gewesen. Der unter der Folter verstümmelte Lehrer hatte das Gefährt auf den Namen seiner toten Frau getauft: *Chantrea.* Mond.

Nhean hatte mich mit diesem Boot auf den lehmigen Fluten des Tonle Sap nicht nur von Phnom Penh bis nach Siam Reap und wieder zurück in die Hauptstadt gebracht, sondern damit auch durch Jahrhunderte zurückgeführt, bis in die von Dämmen und Kanälen durchzogenen Weiten von Angkor, der im Urwald versunkenen ehemaligen Hauptstadt des Reiches der Khmer. Er hatte mich dazu aber vor allem auf die Spur meines Vaters gebracht.

Zurück in die Vergangenheit: Der Monsun ließ die Pegelstände der Seen und Ströme Kambodschas alljährlich um zehn, zwölf und fünfzehn Meter steigen und verwandelte dabei Dörfer in Inseln, die Pfahlbauten der Reisbauern in Archen, Straßen in überspülte Dämme und Teakholz- und Rosenholzforste in Unterwasserwälder, in deren Kronen Algenfahnen wehten und Fische ihren Laich in von wirren Strömungen bewegten Zweigen hinterließen.

Mehr als ein Drittel Kambodschas – so hatte ich es in den Mappen des Syndikats gelesen, dem ich meine Versetzung aus Amazonien an ein Baulos der Provinz Kampong Thom zu verdanken hatte – versank in diesen Monaten in einer mit Regengongs und Gebeten beschworenen und mit der Genauigkeit einer Sonnenuhr steigenden und fallenden Flut. Ohne den fruchtbaren Schlamm dieser Flut konnte auf den Weiden kein Gras für die Wasserbüffel- und Zebuherden und auf den von Lehmdämmen gefaßten Feldern kein Reis wachsen, ja wären Ackerbau und mit ihm Zivilisation, Kunst und alle Spielformen des Lebens bloße Träume geblieben im Land der Khmer.

Aber vor allem wurde unter den Wolkengebirgen der Regenzeit der Hochwasserschwall des Mekong selber zu einem trüben, glasigen Damm, der den vor dem Königspalast einmündenden Tonle Sap staute und ihn als den sanfteren, schwächeren Fluß nicht länger ins gemeinsame Bett ließ, sondern zur Umkehr drängte und in ein riesiges Flutbecken zwang, einen See, der in der Regenzeit bis zum Siebenfachen seiner ursprünglichen Größe anschwellen konnte. Wie ein periodisch pulsierendes Wasserherz lag dieser See inmitten Kambodschas und schwappte an die Grenzmauern jener Stadt, die einmal als die größte und herrlichste der Welt gegolten hatte: Angkor.

In der Sprache der Khmer, hatte Bootsmann Nhean gesagt, bedeute Tonle Sap *Fluß ohne Salz*, aber Fischer und Fährleute wie er nannten den Salzlosen beinahe zärtlich *Süßer Fluß*: Er rauschte zur Monsunzeit aus den nebelverschleierten Urwäldern seines Quellgebiets über Dämme und Wasserwehre, strömte allmählich sanfter dahin, sank schließlich, nur noch erschöpft murmelnd, seiner Mündung in Phnom Penh vor der Residenz der einst als Götter verehrten Khmer-Könige entgegen und hielt, kaum einen Tageslauf von der Brandung des Südchinesischen Meeres entfernt, inne. Hielt inne, als hätte ihm der nahe Ozean Angst gemacht, glättete sich, stand still – und begann unter dem Druck des Mekong, langsam und unaufhaltsam wieder zurückzufließen, seinen Quellen entgegen, monatelang, bis am Ende der Regenzeit die Übermacht des Mekong nachließ und der Süße Fluß, wie zur Besinnung gekommen, seinen Lauf abermals umkehrte und sich von seinen Quellen, seiner Vergangenheit ab- und doch wieder dem Meer und seiner Auflösung zuwandte.

Und während Pegelstände fielen und die Flut aus dem Landesinneren so rasch abfloß, daß sich Fischschwärme in Büschen und Baumkronen wie in Reusen fingen und von den Bewohnern schwimmender Dörfer wie Früchte aus den Zweigen gepflückt wurden, tauchte alles Land wieder aus der Flut, als würde eine zyklisch wiederkehrende, tektonische Kraft Schifffahrtsrouten endlich von der Last des Wassers erlösen und in Straßen und Wege zurückverwandeln, Inseln in hügelige Ebenen und Felder und Weiden aus einem von morastigen Ufern gefaßten Wolkenspiegel dem Himmel entgegenstemmen.

Strömungsumkehr. Durch das Menschenopfer, mit dem sich mein Vater am Nepomukstag gegen alle Vernunft und Menschlichkeit gewandt hatte, zu dieser Überzeugung war ich in den Tagen an Bord von Nheans Boot gekommen, hatte mein Vater sich wohl über jene Zeit erheben wollen, in die er durch seine Geburt verbannt worden war. Zurück. Er wollte seiner Gegenwart entkommen und zurück in den Glanz der Vergangenheit, um wieder zu dem zu werden, was die Fallmeister vergangener Jahrhunderte mit ihrer Kunst gewesen waren, den Weißen Fluß zu beherrschen: Herren über Leben und Tod.

Nhean, der nach den Tagen seines Verhörs alle an seiner rechten Hand verlorenen Fähigkeiten in seine linke hatte legen müssen, hatte mich stotternd, endlich von seinen und den Qualen seiner Familie erzählend, bis zu der vom Urwald und von Pilgern und Touristen gleichermaßen bedrängten Tempelstadt Angkor Wat begleitet und hatte an unseren Abenden an Bord und in unruhigen, von Mückenschwärmen und Schlaflosigkeit bestimmten Nächten die Strömungsumkehr als einen Segen beschrieben, der seinem Volk und jedem beschieden war, der sich den Anziehungskräften des Himmels und des Meeres überließ, anstatt gegen sie anzukämpfen.

Nhean hockte an diesem ersten Abend des Wasserfestes einige Treppenstufen unter mir am Mekongufer und setzte ein Schiffchen aus Bambus und Bananenblättern behutsam in die Wellen. Er hielt seinen rechten Arm, an dem die beiden von der Tortur verschonten Finger an eine Klaue erinnerten, wie schützend ausgestreckt, während er reglos verfolgte, wie das mit flackernden Wachslichtern und Lotosblüten befrachtete Gefährt stromabwärts trieb, von einem trägen Strudel erfaßt wurde, kenterte und kieloben in der Finsternis verschwand.

Erst jetzt ließ er den ausgestreckten Arm sinken, erhob sich und verbeugte sich dankbar vor der Flut. Der Mekong hatte sein Opfer angenommen – eine maßstabgetreue Nachbildung des mit Wellblech und Palmblättern gedeckten Hausbootes, auf dem wir die vergangenen Tage verbracht hatten.

Nhean hatte mir bei meiner Ankunft aus Kampong Thom seine Dienste auf einem von Flutlicht erhellten Busbahnhof Phnom Penhs angeboten, der Endstation einer erschöpfenden Fahrt, und ich hatte sein Angebot angenommen, als wären wir unter all den wartenden Händlern, schreienden Quartiervermittlern, Riksha- und Taxifahrern miteinander verabredet gewesen. Ich sah nun, auf meiner Treppenstufe, den Widerschein des Feuerwerks in den Schweißrinnsalen, die über seine Stirn und Wangen krochen, wie ein angeborenes Zeichen, daß dieser Mann aus einem Wasserreich kam, zum Wasser gehörte und ans Wasser gebunden blieb, wie der zerspringende Spiegel des Mekong, der die Feuerornamente der Explosionen in Lichtsplittern und gebrochenen Blitzen in den Nachthimmel zurückwarf.

Nirgendwo in Kambodscha, hatte Nhean an diesem Nachmittag, auf dem Weg zu den Landestegen, gesagt, zeige sich das Schauspiel der *Umkehr* dramatischer als vor dem Königspalast, hier in Phnom Penh. Denn vor diesem Palast teilte sich der Mekong für einen Stromkilometer ein mächtiges Bett mit dem Tonle Sap. Und wenn der Hochwasserschwall des Mekong den Tonle Sap zu stauen und zurückzudrängen begann, erinnerte diese Umkehr Jahr für Jahr an die mitleidlose Barbarei der Roten und der Weißen Khmer, die am eigenen Volk, geblendet von vergangener Glorie, einen Genozid begangen und ihm seine Frau, seine Kinder, sein Haus und ein gutes Leben geraubt und ihn verstümmelt hatten.

Hatten denn diese Barbaren nicht um alles in der Welt zurück gewollt in das alte Angkor, das, im zwölften Jahrhundert von mehr als einer Million Menschen bewohnt, einmal die prachtvollste Residenzstadt der Welt gewesen war? Und in dieser Gier nach einem längst erloschenen imperialen Glanz waren sie dem Beispiel des Tonle Sap gefolgt, allerdings nur in eine einzige Richtung, und hatten vergessen, daß der Strom sich im Lauf eines Jahres ein zweites Mal wendete und nur so zurückfand in das Gleichgewicht und die Ordnung des Lebens.

Wenn der Tonle Sap zu *Bon Um Tok* dem ehemals aus dem Palast gerufenen königlichen Befehl gehorchte, sich *bekehrte* und wieder mit dem Mekong vereinigte, anstatt vor ihm zurückzuweichen, hatte Nhean gesagt, durfte er danach das gemeinsame Bett wie verwandelt durch diese neuerliche Umkehr nach einem Stromkilometer für immer verlassen, um sich auf einem eigenen Weg den Mangrovenwäldern der kambodschanischen Küste entgegenzuwinden.

Cháktomuk: Vier Gesichter, heißt in der Sprache der Khmer diese Kreuzung zweier Ströme, die sich nicht nur in den Schlammgrund der Imperien angkorianischer Gottkönige eingegraben hatte, sondern auch in die von Sturzbächen aus Blut durchtoste Schreckensherrschaften Pol Pots und seines nicht weniger von der Vergangenheit besessenen Nachfolgers Jaya.

Es ist ein trübes, von Strudeln und Kehrwasserwirbeln zerfurchtes Kreuz, in dem sich der Tonle Sap, der einzige Strom der Welt, der seinen Lauf im Rhythmus der Jahreszeiten zweimal umkehrt, nahezu lautlos verliert. Ein Fluß, der zu seinen Quellen zurückzukehren scheint, am Ende aber doch und wie zur Vernunft gekommen dem Meer entgegenzieht, ließ mich in den schlaflosen Nächten an Bord von Nheans Boot immer wieder noch an andere, den Gesetzen der Physik und Logik scheinbar widersprechende Kehrtwendungen denken – an einen in die Wolken zurückrauschenden Gewitterregen, an Wege zurück an den Ursprung des organischen Lebens, in die Tiefsee, Wege zurück in die Kindheit ... oder in ein verlorenes Paradies.

Jaya, hatte Nhean stotternd erzählt, hatte die Strömungsumkehr als den einzigen Wegweiser zurück ins Vergangene gesehen, als die Zukunft Kambodschas. Und wie die alten Khmer-Reiche aus Reisfeldern, Palmenhainen, Gärten und Viehweiden emporgewachsen waren, so sollte nach Jayas Lehren auch eine neue, ganz Indochina beherrschende Diktatur aus der bäuerlichen Arbeit neu erblühen:

Die Bewohner der Städte, unter ihnen auch dreizehn Verwandte des Bootsmannes, waren von Jayas Soldaten zu Hunderttausenden aufs Land, in die Wälder und an die Küste getrieben worden: Bauern, Arbeiter, Fischer sollten sie werden, der Dschungel zu Ackerland, die Wildnis zu einem Garten. Aber welcher Städter wußte denn schon, wie Reis zu pflanzen war, wie Bäume zu fällen, wie Felder anzulegen und zu bewässern waren?

Eine Brille, hatte Nhean erzählt, selbst wer bloß eine Brille getragen hatte, war verdächtig, kein revolutionärer neuer Mensch, sondern ein irregeleiteter Stadtmensch oder aufsässiger Kopfarbeiter zu sein, und wurde erschlagen. Wer ertappt wurde, daß er eine Fremdsprache verstand, wie Nhean, der mir von seiner und der Geschichte seines Landes in seinem stockenden, amerikanisch klingenden Englisch erzählte, das er sich an Bord seines Bootes in einem Lehrgang aus dem Großen Netz beigebracht hatte, war verdächtig, wurde erschlagen. Phnom Penh wurde für Jahre zu einer Geisterstadt, deren menschenleere Straßen, überwucherte Häuser, überwucherte Plätze und Parks an die Wildnis zurückfielen, an Ratten, Aasvögel, Rudel verwilderter Hunde und Affenhorden. Aus eingeschlagenen Fenstern und zertrümmerten Türen streckten Bäume ihre Äste, und über leere Bücherregale und in Fetzen gerissene Wandteppiche krochen Schimmel, Orchideen und Moos.

Nhean hatte auf unserer Bootsfahrt alle Namen der dreizehn zu Tode Gefolterten, Hingerichteten und Verschwundenen seiner Familie wie eine Litanei gegen den Tod dreimal oder viermal wiederholt; hatte erzählt von seinem aus Schußwunden blutenden, von seinen Verfolgern im Versteck einer Lehmgrube entdeckten und dann von ihnen lebendig begrabenen Vater. Erzählt von seinen mit Bambusprügeln erschlagenen Brüdern und der von Ödemen entstellten Mutter, die inmitten fruchtbarer Reisfelder an den Ufern der fischreichsten Fanggründe dieser Erde verhungerte, weil *Angkar,* die allmächtige Partei Jayas, den Anspruch erhob, für alles, alles zu sorgen und den Hungernden, die Wildfrüchte pflückten oder Schnecken und Würmer auflasen, die Verhöhnung der grenzenlosen Fürsorge Angkars vorwarf: ein Verbrechen, das jeden Beschuldigten in das Foltergefängnis Tuol Sleng in Phnom Penh und von dort nach *Choeung Ek* bringen konnte, einen sumpfigen Ort nahe der Hauptstadt. In Choeung Ek mußten *Volksfeinde* am Rand eines Tümpels niederknien und ihre Köpfe in einer Demutsgeste senken, bevor ihnen der Schädel mit einem Bambusprügel eingeschlagen wurde, weil die Weißen Khmer ihre kostbare, der Revolution geweihte Munition nicht an Abschaum verschwenden wollten.

Ich hatte in den ersten Tagen meiner Ankunft aus Europa die blutbespritzten Wände der Zellen und Verhörräume in Tuol Sleng gesehen und im schwarzen Wasser der Tümpel von Choeung Ek die wie Sauerstoffblasen emporschwebenden und wieder absinkenden, neuerlich emporschwebenden und wieder absinkenden Kleiderreste der Erschlagenen gesehen, Gewebestreifen, Fäden, Fasern.

Ich hatte in den Tagen gemeinsam mit Nhean auf dem Tonle Sap, dessen wechselnde Strömung alles Leben in und auf dem Wasser hin und her schaukelte wie eine Wiege und doch die Schmerzen der Erinnerung nicht lindern konnte, meine Kleidung gewaschen, im Kehrwasser gebadet und Schlangenkopffische in einem der zahllosen Nebenarme gefangen, auch einen Wels, dessen Farbe dem in Pfahlbautempeln geheiligten

Weiß, der Farbe der Götter und der Reinheit, so nahe kam, daß Nhean mir riet, meinen Fang in die lehmgelbe Flut zurückzuwerfen. Lächeln sah ich Nhean in diesen Tagen nur, wenn die Rede auf das bevorstehende Wasserfest kam:

Unter den Feuerornamenten dieses Festes würde er eine mit Lotos und Lichtern beladene Nachbildung seines Bootes in die Wellen setzen. Und sein Schiffchen würde mit Abertausenden anderen, Flammen tragenden Flößen, Gefährten aus Bananenblättern, Bambus und Seide davontanzen und so die Strömungsumkehr in einer Feuerschleife in die Dunkelheit schreiben, ein flackerndes, fließendes Zeichen, das den Hunderttausenden an Uferpromenaden oder an Bord vertäuter Kähne und Einbäume versammelten Zeugen des Wunders der Strömungsumkehr vorführen sollte, daß nichts, weder das Wasser noch die Zeit, noch das durch die Abgründe des Himmels von Sonne zu Sonne wandernde Leben bloß einer einzigen, für immer festgelegten Richtung folgte.

Die Mörder seiner Familie, hatte Nhean gesagt, hatten aus einer armseligen, vom Elend bedrohten Gegenwart wieder zur verlorenen Größe des Volkes der Khmer zurückkehren wollen in die Pracht eines vergessenen Reiches. Aber forderte nicht jede Rückkehr in die Vergangenheit den Tod als immergleiches Opfer? Wer dorthin zurückwollte, wandte sich einer Zeit vor seiner Geburt zu und wurde irgendwann vom gleichen

Sog erfaßt wie jeder, der mit allen Mitteln nach einer glorreichen Zukunft drängte. Der Abgrund, in dem dieser Sog endete, war aber der Untergang.

Während unserer Tage auf dem Wasser war kein Abend vergangen, an dem Nhean bei Klebereis und Tee unter einer vom Palmdach pendelnden Petroleumlampe nicht vom Großen Fest schwärmte, dem wir entgegenfuhren, ähnlich erwartungsvoll schwärmte, wie Mira und ich in unserer Kindheit vom *Heiligen Abend*. Wenn der Frost es zuließ, übergoß unsere Mutter Jana an diesem Abend einen am Ufer des Weißen Flusses aufgepflanzten Weihnachtsbaum aus Draht und Blech so lange mit Wasser, bis eine von Sturmlichtern erhellte, glitzernde, mit Eisnadeln und Zapfen und gläsernen Tränen geschmückte Skulptur an den Zauber dieser Nacht erinnerte. Ein Allmächtiger, ein Gott, so oder so ähnlich verstand Nhean meine Erinnerung, hatte sich damals im Licht eines Besensterns in einen auf Stroh gebetteten Säugling verwandelt, der zuerst bloß von Hirten, dann aber von Königen angebetet wurde.

Das Wasserfest dagegen war mehr als alles andere ein Triumph der Vernunft. Denn wenn ein gottähnlicher König über Jahrhunderte von den Wandelgängen seines Palastes herab dem Strom in einem dünnen Gesang befohlen hatte, sich zu besinnen und abzuwenden von der Rückkehr zu seinen Quellen, dann hatte er damit nur einen Weg für jeden gezeigt, der sich ähnlich dem

Tonle Sap verirrt hatte: die sanfte Umkehr, ja die Bekehrung, den Weg ans Meer.

Ich habe mir in meinen Einsatzgebieten an den großen Strömen Südamerikas, Asiens und Afrikas nur selten andere als technische Fragen gestellt, Fragen nach Gefälle, Strömungsgeschwindigkeiten, den Kubaturen von Zu- und Abflüssen, nach Gravitationswirbeln, jahreszeitlich bedingten Eintiefungen, Druckverhältnissen und der Rotationsgeschwindigkeit von Turbinenrädern … Aber erst in Kambodscha, in einem Hunderte Quadratkilometer umspannenden Labyrinth von Zuleitungskanälen, das eine Kette kleiner Gravitationskraftwerke mit Wasser aus entminten Reisfeldern versorgen sollte, hatte ich begonnen, mir eine meinen Schlaf und meine Arbeitstage bedrückende Frage zu stellen, vor der alle technischen Überlegungen an Bedeutung verloren:

Wie dünn, möglicherweise bloß hauchzart, war die Membran, die das Innerste eines friedlichen, Musik und Malerei und dazu Süßigkeiten, seine Kinder oder wenigstens sein Vieh liebenden Menschen von einer tief in ihm kauernden Bestie trennte? Und was mußte geschehen, um diese Membran zu zerreißen, die Bestie aufzuscheuchen und einander völlig entgegengesetzte Möglichkeiten einer menschlichen Existenz wie in einem Kehrwasserwirbel ineinanderstürzen zu lassen?

War die Chronik der Barbarei denn nicht voll von den Geschichten mitleidloser Mörder und Massenmörder, die das Gesäusel romantischer Ouvertüren verträumt nachsummten oder von ihrer Liebe zu den in blaue Fernen davonrollenden Weltlandschaften alter Meister schwärmten, den Zauber des Vogelsangs beschworen oder die florale Pracht altchinesischer Seidenteppiche? Hatten manche dieser Monster ihren verängstigten Besuchern nicht voll Stolz Fotoalben gezeigt, die Bilder zartester Kristallstrukturen von Schneeflocken und Eissternen enthielten, die gemäß ihren Entstehungsbedingungen im gesamten Universum jeweils nur ein einziges Mal und niemals wieder vorkamen, wenn sie unter der Wärme eines Atemzuges dahinschmolzen? Und wie oft war dokumentiert worden, daß einige der bösartigsten Bluthunde in ihren von Orden und Ehrenzeichen klirrenden Paradeuniformen beim Anblick eines sein Willkommensgedicht stammelnden Mädchens mit Blumen in der Kinderfaust nasse Augen bekamen oder sich zu einer verzückten Mutter und ihrem Säugling hinabbeugten, um das vom Geschrei entstellte Faltengesicht des Kleinkinds zu tätscheln?

Ich hatte mich noch an der Hydrologischen Versuchsanstalt in Rotterdam auf meine letzten Prüfungen vorbereitet, als der Internationale Gerichtshof in Singapur unter chinesischem Vorsitz die *Nordamerikanische Allianz*, einen machtlosen Zusammenschluß von vier ehemaligen US-Bundesstaaten, nach mehr als zwei, über fadenscheinigen Rechtfertigungen und Verzögerungen verstrichenen Jahrhunderten endlich dazu verurteilt hatte, die verminten Landstriche und Bombenwüsten, die das untergegangene Amerika in einem beinah vergessenen, nach *Vietnam* benannten, Krieg hinterlassen hatte, wieder bewohnbar zu machen.

Wären die Rechtsnachfolger der ehemals Vereinigten Staaten nicht endlich zur Übernahme ihres Erbes gezwungen worden, wären viele Reisfelder in Laos, Kambodscha und Vietnam für weitere Jahrhunderte tödliches Gelände geblieben und kein *Hoffnungsgebiet*, in dem Hydrosyndikate Kleinkraftwerke nach dem technischen Prinzip von Gravitationswirbeln errichten konnten. (Solche Kraftwerke konnten selbst in nahezu flaches Land gesetzt werden und glichen als Betonzylinder mit Durchmessern von nur vier oder fünf Metern dem Abfluß großer Spülbecken, in denen sich Wasserwirbel nach den Gesetzen der Schwerkraft drehten und die Schaufelräder zierlicher Turbinen in Bewegung setzten.)

Als mir mein Diplom als Hydrotechniker verliehen wurde, war das Urteil aus Singapur wenigstens zum Teil erfüllt. Dutzende von hydrotechnischen Missionen verdankten diesem Richtspruch ihren Einsatz. Mehr als weitere dreihundert Jahre, das hatten die Berechnungen der Gerichtsgutachter ergeben, hätte die Entminung unter den Verhältnissen *vor* diesem Prozeß und seinem Urteil noch gedauert – hatte Amerika doch einst in einem ganzen Jahr für die Entminung ehemaligen Feindeslandes nicht mehr ausgegeben, als ein einziger *Bombentag* während des Vietnamkrieges verschlungen hatte.

Aber jetzt: Aus dem Schlammgrund endlich wieder begehbarer Reisfelder, zwischen denen ich in einem verkrusteten Geländewagen zu den einzelnen Baulosen fuhr, ragten Betontürme auf, Mahnmale, durch deren gläserne Seitenwände die Schädel und Knochen von erschlagenen, erschossenen und ertränkten Opfern der Herrschaft der Weißen Khmer zu sehen waren.

Es waren die Gespräche mit Nhean und seine stockenden Erzählungen gewesen, die mir meinen Vater nach und nach als einen ähnlich Verirrten wie die Weißen und Roten Khmer erscheinen ließen: Die Membran zwischen einem menschlichen Dasein und der Bestialität zerriß wohl tatsächlich in dem Augenblick, in dem sich ein von der Vergangenheit oder einem anderen erloschenen Glanz Besessener von der Gegenwart ab- und einer Umkehr der Zeit und einer seit Jahrhunderten verfinsterten Glorie zuwandte: Dorthin! Dorthin zurück und gegen den Strom mußte dann jener Weg führen, für den die Khmer nicht anders als mein Vater bereit waren, nicht bloß zu töten, sondern jedes Wesen der Gegenwart auszulöschen, das von diesem Rückstrom nicht wie Treibgut aufgehoben und fortgetragen werden konnte.

Aber wonach, hatte ich mich in Kambodscha zum ersten Mal zu fragen begonnen, wonach sehnten sich die Führer der europäischen Nationalstaaten, wonach die zum Protest gegen parlamentarische Demokratien ausgerufenen Zwergenverbände und Grafschaften mit ihren mittelalterlichen Namen und ihren idiotischen Hymnen …, wovon träumten die in Horden und Stämme zerfallenden Völker eines Kontinents, der einmal wie vernarrt gewesen war in die Utopie der Einheit? Knallten denn mit allen diesen, an tausend Masten hochgezogenen, Fahnen und Flaggen mit ihren aufgestickten Adlern und Schwertern und Löwen nicht allein die Zeichen einer finsteren Vergangenheit?

Mein Vater war vermutlich derselben Strömung wie Pol Pot oder Jaya unterlegen, die ihre eigenen Namen abgestreift hatten, weil sie auf dem Weg in die Vergangenheit hinderlich waren. Pol Pot wie Jaya hatten ihren Schlächtern befohlen, nur der Verirrung, nicht aber der Bekehrung des Tonle Sap zu folgen. Beide waren schließlich vor vietnamesischen und chinesischen Drohnengeschwadern in die Urwälder im Grenzgebiet zu Thailand geflohen. Pol Pot wurde dort Jahrzehnte später als wirr predigender Greis aufgespürt, starb noch vor einer Gerichtsverhandlung unter niemals geklärten Umständen und wurde zusammen mit seinen dogmatischen Schriften und faulendem Abfall verbrannt.

Daß die Gefolgsleute und Anhänger des einen wie des anderen dann aus ihren Urwaldverstecken in den Masken von Bauern, Beamten, Politikern wieder zurückgekehrt waren und das Land straflos bewohnten, auch das hatte Nhean gesagt, war ein Zeichen, daß

Bestien, waren sie erst einmal aus dem Inneren ihrer menschlichen Wirtswesen hochgekrochen, niemals wieder verschwanden, sondern ihre Zeit in wechselnden Kostümen beherrschten.

Der dort, ja, genau der, dieser Textilhändler am Ufer, hatte Nhean auf einen krummen Mann in einem mit bunten, flatternden Schals behängten Laden gezeigt, an dem wir vorüberglitten, nachdem wir die Landestege von Siam Reap verlassen hatten, der dort, das sei einer von seinen Peinigern gewesen und habe als Aufseher in Tuol Sleng gewütet, bis er vor einem chinesischen Kommando fliehen mußte. Nun handelte er mit Schnitzereien aus Wasserbüffelhorn und Rohseide.

Und niemand will ihn töten?, hatte ich gefragt, niemand will sich an ihm rächen, ihn an ein Gericht ausliefern, ihn ins Gefängnis bringen?

Wer sein halbes Leben unter der Barbarei gelitten hat und immer noch, Nacht für Nacht, in Alpträume verbannt wird, sagte Nhean, der will wenigstens die Tage der zweiten Hälfte dieses Lebens nicht an die Erinnerung verlieren.

Und mein Vater? Ein Mörder, dachte ich, ein Mörder, flüsterte ich auf den Treppenstufen des Palastes in der Nacht der Stromumkehr, schrie ich einmal sogar in den Explosionsdonner einer Feuerspirale, deren glitzernde Glutschnüre aus einem schwarzen Himmel auf den Mekong herabregneten und noch vor Erreichen des ihr Licht spiegelnden Stromes verwehten.

Ein Mörder. Mein Vater war schuld am Tod jenes Turbinenwärters, der in der schweren, vollgesogenen Sonntagstracht eines Flößers seine Arme noch zweimal ins Leere emporgestreckt hatte, bevor er versank. Schuld am Tod jener Änderungsschneiderin und jener ihre Erdbeerbeete dem Publikum von Klavieretüden widmenden Musiklehrerin, großherzigen Frauen, die in ihren goldbestickten Festtagskleidern davongerissen worden waren. Er war schuld am Tod eines Posaunisten der Bandoner Blechkapelle und schuld am Tod jenes Landmaschinenmechanikers, dem ich als Student der Hydrotechnik mein Motorrad immer wieder zur Reparatur anvertraut hatte, ohne je dafür bezahlen zu müssen. Mein Vater war schuldig.

An jenem Novemberabend am Mekong war ich so sehr von der Bösartigkeit dieses verschollenen Mannes überzeugt, als hätte sich zwischen den von Feuerkorallen, Besensternen und Funkenchrysanthemen erleuchteten Monsunwolken ein Jüngstes Gericht wie auf dem Altarbild der Flößerkapelle am Großen Fall von Bandon geoffenbart und ein einstimmiges Urteil gefällt. Aber mußte ich mich denn meiner Einsicht ähnlich beugen wie Nhean, der einen seiner Peiniger wiedererkannt hatte und in seinem Boot an ihm vorübergleiten konnte, ohne ihn zu verfluchen, ohne Gerechtigkeit und Sühne einzufordern?

Ich glaube, es war an diesem ersten Abend des Wasserfestes, an dem mir klar wurde – während Nhean, ein verstümmelter Bootsmann, sein mit flackernden

Wachslichtern und Lotos beladenes Opferschiffchen in die schwarzen Wellen des Mekong setzte −, daß wohl jede Gesellschaft irgendwann Menschen hervorbrachte, gegen die es kein anderes Mittel gab als sie zu töten.

5

Pharao und Pharaonin

Von Mira und ihrem neuen Leben an der Seite eines
Deichgrafen an der Elbmündung hatte ich seit Monaten weder gehört noch gelesen. Bildschirme aller
Größen – auf meinen von Signalausfällen verdunkelten
Notebooks oder auf den Displays der neuen Quan-
tencomputer der kambodschanischen Wasserverwal-
tung –, auf denen ihr Gesicht erscheinen sollte, waren,
wo immer ich einen Versuch unternommen hatte, sie
endlich zu erreichen, sie endlich zu sehen, leer geblieben und stumm.

Ob diese Leere und Stille mit den an der Elbe neuerlich aufgeflammten Kämpfen um den Zugang zur
Nordsee zusammenhing oder mit einer Reihe von
Minenexplosionen in vermeintlich entschärften Reisfeldern Kampong Thoms, bei denen eben erst verlegte
Glasfaserkabelstränge zerstört worden waren, hatten
selbst die Techniker des Syndikats nicht in Erfahrung
gebracht. Die Gründe für jede Unterbrechung einer
Verkehrs- oder Nachrichtenverbindung unterlagen
auch im Königreich Kambodscha, nicht anders als in
Bandon oder irgendeinem anderen muffigen Winkel

Europas, der Geheimhaltung. Hydrotechniker wie ich genossen zwar ökonomische Privilegien, eine unbeschränkte Drift auf regionalen oder überregionalen Informationsflüssen gehörte allerdings nicht dazu.

Nachdem ich auf Nheans Hausboot nach dem Ende des Wasserfestes noch zwei Tage vergeblich versucht hatte, über ein der Fischerei vorbehaltenes meteorologisches Netz Zugang zu einem Nachrichtenkanal zu bekommen, um so wenigstens ein illegales Videogespräch mit Mira zu führen, war ich in einem mit Ersatzteilen und Meßgeräten vollgestopften Transporter des Syndikats wieder zurückgefahren auf mein Baulos in Kampong Thom. Aber auch hier konnte ich mich in einem Zelt, das wegen der mit der ablaufenden Flut gestiegenen Schlangengefahr auf einer hölzernen Plattform stand, nicht damit abfinden, daß es vielleicht an Mira selbst – und nicht an technischen oder politischen Umständen – lag, wenn sich meine Erinnerungen an unser gemeinsames Leben allmählich zu wirren Träumen und Sehnsüchten verzerrten. Ich träumte fast jede Nacht von ihr und hielt sie dabei so behutsam in meinen Armen wie eine Skulptur aus hauchzartem Glas.

Manchmal stellte ich sie mir auch tagsüber in den alle Formen des Körpers nachzeichnenden nassen Kleidern jener Frauen vor, die mir auf Reisfeldern, Knüppelwegen und in nur Minuten dauernden Wolkenbrüchen dabei halfen, Richtschnüre für Kanalgrabungen zu spannen oder die Reflexionsspiegel für

Lasermessungen hochzuhalten. Ich war bei solchen Arbeiten oft allein, weil schon mein wasserblaues, mit einem weißen Wellensymbol gemustertes Hemd für jeden Landesbewohner ein Zeichen, ja eine Aufforderung war, mir zu helfen oder seine Hilfe zumindest anzubieten. Ich nahm dann auf einer mobilen Plattform oft eine bloße Beobachterposition ein und rief meine Kommandos durch ein kaum flaschengroßes Megaphon über Reisfelder und Rückstauzonen.

Mira. Wenn in den Zeltnächten die Stunden dahinkrochen, bis mich der Schlaf endlich befreien oder ein Traum wenigstens betäuben konnte, empfand ich so etwas wie enttäuschten Zorn, daß meine gläserne Schwester, trotz meiner vielen, so oft wiederholten Versuche, unerreichbar geblieben war, unsichtbar geblieben war, stumm. Sollte sie diesem Deichgrafen mit seinen Orden, seinen Patenten und Sondergenehmigungen tatsächlich aus Liebe an den Oberlauf der Elbe gefolgt sein?, einem Friesen, der sein meerblau gefärbtes Haar in der Art der Deichherren wie einen Hahnenkamm trug und dabei von der Flut wie alle diese Protektionskinder des Syndikats nicht viel mehr verstand, als daß sie steigen und fallen konnte?

Als mich Miras Nachricht noch in Brasilien erreicht hatte, daß sie das Fallmeisterhaus verlassen und einem Wasserwehrtechniker, einem Aristokraten, in das kriegsgefährdete Mündungsgebiet der Elbe folgen wollte, hatte ich mich damit getröstet, sie würde vielleicht bloß einige mit dieser Beziehung verbundene

Vorteile, etwa eine komfortablere Regionalbürgerschaft, Reisefreiheiten und einen erweiterten Zugang zu Kommunikations- und Unterhaltungssystemen, annehmen. Aber bei nächster Gelegenheit, war ich überzeugt, würde sie wieder in meine Nähe zurückkehren. Wir waren und blieben miteinander verschworen und untrennbar miteinander verbunden.

Aber Mira war bei all ihrer überwältigenden Zärtlichkeit und Liebesfähigkeit stets so wirklichkeitsnah, manchmal berechnend geblieben, ihren Vorteil dort zu suchen, wo er sich tatsächlich fand. Wer hätte schließlich in einer zerrissenen Welt wie der unsrigen je etwas gelassen oder getan, ohne dafür einen Gegenwert zu erwarten? Ich hatte Miras Talent für Gegen- und Tauschgeschäfte sogar bewundert, bis sich mir hier, in den drückenden Nächten von Kampong Thom der Verdacht aufdrängte, daß nun möglicherweise auch ich selber eher zu einem Hindernis als zu einem Förderer ihres Lebens geworden war und deshalb vernachlässigt, vielleicht sogar vergessen werden konnte.

Hatte das Syndikat mich wegen meiner anfänglichen Weigerung, das Amt des verschollenen Fallmeisters am Weißen Fluß in verwandtschaftlicher Folge zu übernehmen, nicht zweimal ermahnt und meinem Ansuchen um Versetzung vom Amazonas an den Mekong nur deswegen stattgegeben, weil Spezialisten für lokale Wirbelstromkraftwerke in flachem Gefälle wie Nadeln im sprichwörtlichen Heuhaufen gesucht wurden?

Aber wie nützlich konnte selbst ein gesuchter Spezialist, der an der Stelle von Auszeichnungen nur zwei strenge Mahnungen an der Brust trug, einer Frau werden, die vor allem ihre Freiheit suchte? Aus Liebe zu einem friesischen Deichgrafen an die Elbe! Aber nein, diesen Verdacht hielt ich lange bloß für die wiederkehrende Passage eines grotesken Traumes, der zerstob, wenn ich tiefnachts, von Insekten oder dem Schrei eines Marabus geweckt, schweißnaß erwachte.

Mira und ich hatten nach der Entscheidung des Syndikats, mir ein Baulos an den Zuflüssen des Mekong anzuvertrauen, vereinbart, ihr seit Jahren unbenutztes Flugmeilenkonto mit einem Routenkredit zu belasten, damit sie mich irgendwann, womöglich schon nach dem ersten Drittel meines Einsatzes in Indochina, besuchen konnte. Wir planten, dann im Grenzgebiet zwischen Laos und Kambodscha das Gebiet der *Viertausend Inseln*, ein Paradies und Labyrinth der Strömungen, mit Kajaks zu durchpaddeln. Die Nächte wollten wir unter Moskitonetzen in Hängematten oder in einem Zelt am Rand von Wasserwäldern verbringen. Auf Sand- und Schotterbänken würden wir angeln und unseren Fang am offenen Feuer garen wie damals am Weißen Fluß.

Diese Stromfahrt gehörte zu jenen Wunschträumen, die ich schon mit den Revieren der Kayapó im Gewirr der Amazonasnebenflüsse verbunden, aber nie eingelöst hatte. Am Amazonas hatte ich allerdings nie mit wachsender Enttäuschung auf Mira gewartet, weil ein die Arbeitsprogramme störender Besuch von Freunden oder Verwandten entsprechend meiner damaligen Stellung ohnedies verboten war. An den Mekong war ich aber bereits als ein, wenn auch mit Ermahnungen befleckter, so doch zum *Streamer* beförderter Hydrotechniker gereist und hatte Anspruch auf jährlich zwei solcher Besuche. Einer Nadel im Heuhaufen kam schließlich größerer Wert zu als dem Nadelkissen eines Schneiders.

Der Mekong, so hatten Mira und ich schon in unserer Kindheit in einem immer wieder durchblätterten Band der großen *Enzyklopädie des Wassers* gelesen, einem vielbändigen Werk, das zur Ausstattung des Fallmeisterhauses gehörte, erreichte in der laotischen Grenzregion eine Breite von mehr als vierzehn Kilometern. In dieser Weite, die größer war als jede Wasserfläche, die Mira und ich bis dahin zu Gesicht bekommen hatten, lagen Tausende Inseln, die meisten von ihnen unbewohnt, die im Rhythmus von Regen- und Trockenzeit einmal wie bloße Erinnerungen an festes Land aus der Flut ragten, dann wieder im Hochwasserschwall versanken. Der Spiegel des Mekong hob und senkte sich im Wechsel von Monsun und Trockenzeit im Ausmaß einer Sintflut, und die dadurch wachsende und wieder abnehmende Zahl der Inseln ließ jede Gewißheit darüber verschwimmen, was zum beständigen, festen Land gehörte und was zum Strom.

Der Mekong in seiner für uns damals unerreichbar scheinenden asiatischen Ferne, ein Strom, dessen

Wasserhorizont sich bis zur Meeresähnlichkeit weiten konnte und sich nicht verengte und über unseren Köpfen zuzuschnappen drohte wie die Schluchtränder am Weißen Fluß, wurde für Mira und mich zu einem geradezu märchenhaften Sehnsuchtsziel. Schließlich war der Himmel unserer Kindheit ein von Abbruchkanten gefaßter Streifen gewesen, der sich nur selten zu seiner tatsächlichen Größe entfaltete. Und auch vom Rest selbst der allernächsten Wirklichkeit sahen wir nur Streifen, Bruchstücke, Segmente.

Die Schuljahre hatten Mira und ich vor den Bildschirmen des Fallmeisterhauses verbracht und bekamen leibhaftige Lehrer ebenso wie die meisten Menschen der Oberwelt nur zu Gesicht, wenn wir Semesterprüfungen im Kommissariat von Bandon ablegten oder dort an Ritualen zur Feier der lokalen Geschichte teilnahmen. Unser Vater hielt nicht nur unsere Mutter Jana, die als Grafschaftsfremde, eine Südländerin noch dazu, in Bandon ohnedies nicht gern gesehen war, sondern auch Mira und mich in der Schlucht am Großen Fall in einer Art Gefangenschaft, aus der wir nur selten in die Gegenwart jenseits der Schluchtränder hochsteigen durften.

Was wir von der Oberwelt zu sehen bekamen, flakkerte vor allem über unsere Bildschirme oder erschien in Gestalt von Touristen, die mit vom Wasserstaub beschlagenen Ferngläsern und Digitalkameras die Schleusentore am Großen Fall von hölzernen Aussichtsplattformen und filigranen Hängebrücken aus

bestaunten. Selbst die Festgäste, die am Nepomukstag in unsere museale Welt hinabstiegen, um rituelle
Zillenfahrten zu beklatschen, waren in ihren Flößer-
trachten oder in den silberbestickten, schwarzen Jop-
pen von Salzbergwerksknappen keine Botschafter der
Gegenwart, sondern Personal der Vergangenheit.

Die Stollen, aus denen die Knappen das Steinsalz, die
Fracht der Bootsleute, geschlagen oder in Soleleitun-
gen gefördert hatten, waren seit Jahrhunderten zuge-
mauert oder wurden nur noch als *Schaustollen* genutzt,
in denen kostümierte Roboter die Qualen der an den
Salzbergbau gebundenen Schwerarbeit demonstrier-
ten. Diese Vorführungen und an den Ufern unterirdi-
scher Soleseen inszenierte *Memorialopern* dienten allesamt einer verklärten Erinnerung. Denn wenn andere
Grafschaften, Zwergrepubliken oder Stammesgebiete
auf Maler, Komponisten, Dichter, Baumeister oder
unbezwingbare Krieger und Helden der Wissenschaft
aus ihrer Mitte verweisen und sie als Zeugen aufrufen
konnten, wie erhaben und überlegen irgendein kon-
tinentales Kleinvolk einem anderen, möglicherweise
noch kleineren Stamm war, dann hatte Bandon als
Beweis seiner Größe nur das Salz und die den Großen
Fall überwindende Flußschiffahrt. Deshalb errichtete
die Grafschaft dem Salz, das einst die Tische und Kü-
chen nicht nur des Kontinents, sondern der ganzen
Welt zum Glitzern gebracht und Bandon einen längst
verlorenen Reichtum beschert hatte, als dem *Weißen
Gold* Denkmäler, ja Altäre.

Um die Kostbarkeit des Salzes gesetzlich zu schützen, waren in Bandon alle Arten von Viehsalz auf den
Weiden der Fleischfabriken und in den Jagdrevieren
verboten, war Streusalz selbst an Glatteistagen verboten, und in den automatisierten Stallungen der Agrar-
industrie leckten die Rinder an einem blaßroten Er-
satzstoff. Denn auch das reine Weiß der Salzkristalle
war geschützt. Das Salz, so hörten wir es von unseren
Lehrbildschirmen, hob Bandon hoch und weit über
andere salzlose Zivilisationen hinaus und ließ deren
Kultur so schal und langweilig erscheinen wie eine
Suppe, die nicht vom Weißen Gold veredelt worden
war.

Aber Mira und ich haßten Salz. Daß es einmal eine
Zeit gegeben hatte, in der dieser Stoff aus dem Inneren
der Berge geschlagen oder gelaugt und in Zillen, die
über den Großen Fall abgesenkt wurden, bis ans Meer
und an die Tafeln von Kaisern und Königen verfrachtet worden war, erschien uns keiner besonderen Erinnerung wert. Waren denn nicht auch Sand, Steine und
Ziegel für Paläste, Festungen, Pyramiden oder Wehrmauern auf gewundenen Wasserwegen und in weitaus
größeren Kähnen an herrschaftliche Baulose verbracht
worden?

Wenn wir im Fallmeisterhaus vor unseren Bildschirmen saßen und Mira den feierlichen Ton eines
Schirmlehrers nachäffte, der das *Reich des Weißen Gol-
des* wie eine triumphale Weltherrschaft pries, geschah
es immer wieder, daß ich durch meine Lachanfälle

über ihre Grimassen in Atemnot geriet. War unsere Mutter in der Nähe, warnte sie mich vor dem Zorn des Vaters, sprach aber weder eine Ermahnung noch ein Verbot aus. Und wurde ich von unserem Vater tatsächlich beim Lachen über die Glorie Bandons ertappt, folgten zwar manchmal laute Zurechtweisungen, auch die Androhung von Schlägen, viel öfter aber eine Beschwörung der Salzkultur, die nicht weniger feierlich und eindringlich war als die eines Schirmlehrers. War Vater wieder außer Hör- und Sichtweite, gelang es Mira regelmäßig, mich zu einem weiteren Lachanfall zu verführen, wenn sie seine Predigt nachahmte und dabei gestikulierend Fratzen schnitt.

Mira spielte mit mir wie mit einem Stofftier oder einer Gliederpuppe, bezwang mich in Kampfspielen, in denen sie mich nur flüchtig berührte und dennoch stürzen ließ, konnte mich zum Lachen bringen oder mit dem traurigen Ausgang eines Flußmärchens, das sie mir vorlas oder nacherzählte, zum Weinen. Ich fügte mich ihren Anweisungen, tat, was sie mir vorschlug, und ließ, was sie mir zu lassen gebot.

In unseren Jahren im Fallmeisterhaus mußten wir einander in Rollenspielen und Fluchtphantasien viel Gesellschaft ersetzen, denn die wenigen Anlässe, die uns Gelegenheit gaben, mit anderen Bewohnern Bandons als mit unseren Eltern zu sprechen, reichten für unsere Bedürfnisse nach menschlichem Umgang nicht aus.

Was für ein Fest, wenn wir zur Erdbeerzeit unsere

Schlucht für ganze Nachmittage verlassen durften und zum Klavierspiel und den Koloraturen der Katzenfrau, über Erdbeerbeete gebeugt, endlich mit anderen Menschen, anderen Beerenpflückern sprechen und lachen konnten. Unter dieser nur in jährlichem Intervall wiederkehrenden Gesellschaft waren immer auch Gleichaltrige, die nicht bloß *Schirmschüler* waren wie Mira und ich, sondern die von wirklichen Menschen unterrichtet wurden. Einige von diesen Exoten hätten wir gerne ins Fallmeisterhaus eingeladen, aber mein Vater duldete keine Besucher aus der Bandoner Gegenwart: Der Große Fall sei der einzige Ort Zentraleuropas, der über Jahrhunderte unverändert geblieben sei. Schlimm genug, wenn das Kommissariat die Störung dieser Unversehrtheit durch Fliegenfischer, Touristen und andere Eindringlinge duldete.

So wurde es für mich schon früh zur Selbstverständlichkeit, daß Mira und ich uns einander mit wachsender Innigkeit und Neugier, schließlich mit Begehren und Leidenschaft zuwandten. Meine Schwester war nicht nur das bewundernswerteste Geschöpf, das ich kannte, sondern, abgesehen von einigen Erdbeerpflückerinnen, an die ich kein Wort zu richten wagte, auch das einzige Mädchen, mit dem ich lachen, mit dem ich sprechen, das ich berühren – und umarmen durfte.

Es war Mira, die mir die Geschichte von jenem jugendlichen Pharao des alten Ägypten vorlas, dem in Bandon aus Gründen, die ich erst viel später verstand, ein von zwei Maulbeerbäumen flankiertes Denkmal errichtet worden war: Er sei der Sohn eines geschwisterlichen Herrscherpaares am Nil gewesen, schön, mächtig und unbesiegbar wie seine Eltern, ein Kind der Sonne, und er habe, wie auch schon sein Vater, seine eigene Schwester zur Pharaonin und zu seiner Frau gemacht. Er sei aber bereits als neunzehnjähriger Jüngling gestorben und, über und über mit Gold bedeckt, in einem Königsgrab der Ewigkeit übergeben worden.

Wenn Mira mir auf ihrem Bildschirm die goldschimmernde Totenmaske des jungen Pharaos, aber auch den darunter verborgenen, schwärzlich gedörrten Mumienschädel des allmächtigen Herrschers zeigte, rührte sie mich jedesmal zu Tränen.

Miras Erzählungen von Tut-Anch-Amun, diesem so kostbar maskierten Toten, standen in einem seltsamen Einklang mit den Predigten unserer Schirmlehrer, die von der Geschwisterliebe wie von einer aristokratischen, ja majestätischen Tradition sprachen.

Ich war schon mit den Vorbereitungen zum Studium der Hydrotechnik in Rotterdam beschäftigt, als ich begriff, daß die Zwergstaaten des europäischen Kontinents, die jeder für sich auf Einzigartigkeit und Überlegenheit beharrten und weder Fremde noch Zuwanderer, Flüchtlinge oder andere Bedrohungen der eigenen Unvergleichlichkeit und Großartigkeit duldeten, sich folgerichtig aus dem eigenen Erbgut in die Zukunft verlängern mußten. Überkommene Inzestverbote waren dieser Form des Bevölkerungswachstums im Weg gewesen und deshalb in den meisten Zwergstaaten als den abendländischen Traditionen nicht mehr gemäß schon lange vor Miras und meiner Geburt abgeschafft worden.

Daß es unter diesen Bedingungen in den Clans und Familien mit von Generation zu Generation steigender Wahrscheinlichkeit zu Mißbildungen und den unterschiedlichsten Schönheitsfehlern kommen konnte, verschwiegen die Schirmlehrer nicht, wiesen aber mit überzeugenden Argumenten darauf hin, daß durch diese Form des Bevölkerungswachstums schließlich auch das besonders Kostbare, Überlegene, ja Geniale und Sieghafte verdichtet und potenziert würde:

Hatten die Pharaonen denn nicht über Jahrtausende und in unvergleichlicher Pracht über alles Land am Nil, das durch zyklische Überflutungen fruchtbar wie der Garten Eden wurde, geherrscht? Was waren die Ruinen etwa der griechischen und römischen Antike gegen die Paläste und Pyramiden der Pharaonen, die, obwohl um vieles älter, von ihrer Pracht und überwältigenden Größe auch in einer jahrtausendelang nagenden und fressenden Erosion und Zerstörungswut kaum etwas verloren hatten?

Was die Schirmlehrer verkündeten, fand sich auch in der Verfassung Bandons. Wenn Mira und ich uns auf den Weg zu den Erdbeerfeldern der Katzenfrau machten, war das Erste, was wir nach dem Auftauchen aus unserer Schlucht sahen, eine mit gravierten und vergoldeten Hieroglyphen geschmückte Granitstatue

Tut-Anch-Amuns, die zwischen zwei Maulbeerbäumen aufragte. Und wenn wir unseren Weg durch einen Teppich abgefallener, schwarzer Beeren fortsetzen und der Versuchung widerstanden, Hände voll dieser wäßrig süßen Früchte zu essen – uns erwartetete schließlich zwischen den Beeten der Katzenfrau verlockendere, reichere Ernte und die seltene Gesellschaft von Erdbeerpflückern –, dann hinterließen wir auf dem Pflaster Bandons rotviolette Spuren, als kehrten wir von einem Schlachtfeld in die Stadt zurück.

Daß der in Bandon und zwei benachbarten Stammesgesellschaften wie ein Schutzheiliger verehrte Pharao nicht bloß als Jüngling gestorben war, sondern unter einer Mißgestalt, Klumpfüßen, einem überbreiten Becken und einem Affenkinn gelitten hatte und nur mit zwei vergoldeten Krücken (die man ihm schließlich auch in seinen Sarkophag legte) gehen konnte, erfuhr ich erst, als ich in Amazonien zum ersten Mal in meinem Leben Zugang zu einem freien Netz hatte und einem Offizier des brasilianischen Wachpersonals (der nicht ganz sicher war, wo auf dem Globus Europa lag) einen der Heroen zeigen wollte, denen man in meiner Heimat Standbilder aus schwarzem Urgestein errichtete.

Immer noch mit einer seltsamen Mischung aus Scham und Erregung erinnere ich mich an jenen mit Mira verbrachten, gewittrigen Augustnachmittag am Weißen Fluß, an dem geschah, woran ich in den Tagen

und Nächten bis dahin nur, von geheimsten Schuldgefühlen bedrängt, zu denken gewagt hatte. Wir hatten uns in unseren Kajaks flußabwärts treiben lassen
und waren an einer langgezogenen Sandbank, einem
nur uns und allein von uns benutzten *Strand* an Land
gegangen, um an einer unserer alten, von Flußsteinen
umkränzten Feuerstellen zwei unterwegs gefangene
Regenbogenforellen zu braten. Während ich silbri-
ges Treibholz sammelte, sprang Mira in das glasklare,
grüne Wasser eines Nebenarmes, der sich im blühen-
den, dornigen Strauchwerk des Auwaldes verlor.

Ich blies in das eben entfachte Feuer und sah über
die ersten Flammen hinweg, wie Mira aus dem Au-
waldgrün auf die Mündung des Nebenarmes und auf
mich zuschwamm, mir zuwinkte, plötzlich abtauchte
und so lange und unsichtbar unter Wasser blieb, daß
ich schon bis zur Hüfte auf jene Stelle zugewatet war,
an der ich sie zuletzt gesehen hatte, als sie keine zwei
Meter von mir entfernt mit wie zum Jubel hochge-
streckten Armen und mit einem Schrei, mit dem sie
auch früher schon hinter einer Tür oder einem Vor-
hang hervorgesprungen war, aus den im Wasser ge-
spiegelten Wolken hochschnellte. Sie war nackt.

Meine Schwester hatte im Reich der Flußkrebse,
der Regenbogenforellen und Barsche ihren mit Fluß-
muscheln gemusterten Badeanzug abgestreift und
kam in einem Gewirr aus funkelnden Wasserschnüren
prustend auf mich zu. Und ich empfand unter rasend
beschleunigten Herzschlägen, daß sich mir in diesen

Augenblicken jene immer wieder schamvoll ersehnte und in chaotischen Nächten erträumte Brücke endlich zeigte, die ich nun bloß überschreiten mußte, um von ihrem Bruder zu ihrem Geliebten zu werden, ihrem Pharao.

Mira legte einen Arm um mich und führte mich, wie eine Rettungsschwimmerin einen eben vor dem Tod durch Ertrinken Bewahrten, aus dem Wasser ans Ufer und begann dort, in einem Bett aus Sand und Moos mit mir zu spielen. Spielte wie in meinen frühesten Jahren mit mir, strich mir übers Haar, über meine Brust, über den Bauch, zog mit der Kuppe ihres Zeigefingers Kreise und Spiralen um meinen Nabel, tat dann, als ob sie einen Geretteten von Mund zu Mund beatmen müßte, malte dabei mit ihrer Zunge meine Lippen nach und brachte mich am Ende einer langsamen, gewundenen Wanderung ihrer Hand über meinen ganzen Körper dazu, starr, wie versteinert vor Erregung und ohne daß ich auch nur ahnte, was in einer solchen Umarmung zu tun war, atemlos in ihr zu versinken, zwischen ihren geöffneten, mit Flußwassertropfen besprengten Schenkeln zu versinken und an ihren Brüsten zu einem stöhnenden, keuchenden Säugling zu werden. Ich stöhnte, ich schrie, ja schrie irgendwann, weil wohl nur ein Schrei verhindern konnte, daß ich unter dem Druck einer noch niemals empfundenen Lust zersprang.

Der einzige Gedanke, an den ich mich erinnere, war die durch alle Flußbilder wirbelnde Frage, ob der

Samen, den ich tief im rhythmisch wiegenden Körper meiner Schwester verlor, wohl zu einem als Gott verehrten, allmächtigen Königskind, einem Kind aus Glas werden konnte und damit auch seine in geschwisterlicher Ekstase miteinander verflochtenen Eltern in Götter verwandelte.

Die glückliche Erschöpfung, die mich in den Armen der Pharaonin dann für einige Minuten einschlafen ließ, erschien mir beim Erwachen als bloße Erinnerung daran, daß in einem Augenblick wie diesem wohl alles erfüllt wurde, was sich im Leben eines Menschen ersehnen ließ, alles, was Bandon und mit ihm auch das ganze von Todes- und Untergangsängsten gequälte Europa von seinen Kindern erwarten konnte, nämlich den Fortbestand, die Zukunft einer Gesellschaft, eines Stammes, allein aus sich selbst, und daß nur der Schlaf, vielleicht ein gnädiger Sekundentod, das angemessene Ende einer solchen Verzückung war. Was konnte auf diesen Nachmittag am Weißen Fluß noch folgen, wenn nicht das Paradies?

Tatsächlich folgte der Ekstase und dem Glück aber nur die Erinnerung. Es gab wohl auch nach diesen Stunden am Ufer noch Augenblicke der Innigkeit mit Mira, aber sie nahm mich nie wieder in ihre Arme wie damals, und keiner dieser Augenblicke war vergleichbar mit dem, was an jenem Nachmittag im Sand und im Moos geschehen war, an dem die Wassermusik jeden Laut unserer Lust verschluckt hatte.

Hatte Mira ihrem Bruder bloß ein Geschenk gemacht, das nur einmal im Leben und dann nie wieder vergeben werden konnte? Die unwiederholbaren Augenblicke erstarrten zu kristallinen Bildern, in deren Brechungen und Spiegelungen für mich allmählich zweifelhaft zu werden begann, ob, was geschehen war, tatsächlich − oder bloß rauschhafte Wunschvorstellung, nur eine Phantasmagorie gewesen war. Aber ob Erinnerung oder wahrhaftes Glück: Beides erschien mir so zerbrechlich und kostbar, daß ich Mira niemals, weder in den Stunden des Zusammenseins noch später in unserer digitalen Korrespondenz, eine Frage nach der Unterscheidung zwischen Wirklichkeit und Traum zu stellen wagte.

Und Mira … Mira lachte, Mira zog mich an meinen, gemäß den neuesten Gesetzen für alle in Bandon Geborenen schulterlang gewachsenen Haaren, küßte mich auf die Wange, sah mir in die Augen, aber alles, ohne mich auch nur mit einem beiläufigen Zeichen erkennen zu lassen, ob ich mit meinem Begehren in einer Phantasie oder in der wirklichen Welt gefangensaß.

Unbezweifelbar, bis zum heutigen Tag unbezweifelbar, blieb mir nur das symphonische Geräusch in Erinnerung, mit dem der Weiße Fluß damals dem Meer und seiner Auflösung entgegenstürzte und die Pharaonin und mich an einem von Libellen durchschwirrten Nachmittag im August mit den endlosen Tonfolgen seiner Strömungsmusik umfangen und in einen melo-

dischen Kokon eingesponnen hatte, wenn er sich rau-
schend vor Felsbarrieren teilte oder an den Steinfugen
von Treppelwegen und Wasserwehren hochkochte
und mit jedem seiner Wirbel eine andere Faser meines
Daseins in verstörende Schwingungen versetzte.

6

Zwischen viertausend Inseln

Drei Tage nach dem Fest der Strömungsumkehr wartete ich immer noch, wartete einen weiteren Tag und weitere neun Stunden, wartete am Stromufer, auf der Veranda eines Teehauses, wartete, daß Mira mich vom Airport in Phnom Penh anrief, wo ich sie mit Nhean empfangen wollte, um mich mit ihr auf den Weg zu den *Viertausend Inseln* zu machen, auf den Weg in die Wirklichkeit. Aber ich wartete vergeblich.

War meine Schwester einem blauschopfigen Günstling des Syndikats an die Elbmündung gefolgt, weil sie vielleicht niemals ernsthaft daran gedacht hatte, das Strömungslabyrinth der Viertausend Inseln mit mir zu durchfahren? Diese Inseln lagen je nach der Höhe des Mekong-Spiegels in wechselnder Vielzahl unbezweifelbar und ganz wie in unseren Plänen an jenen Orten und Koordinaten, die ihnen von den Kartographen zugewiesen worden waren, unsere Inseln! Und in Dutzenden Stromdörfern schaukelten Kajaks an auf Bambuspiloten gelegten Landestegen, bereit für uns und jeden Gast am Strom, aber *Si Phan Don*, der Name dieses Inselreiches, verfiel in den Tagen des

Wartens allmählich zum Titel eines jener Wassermärchen, wie Mira sie mir vorgelesen hatte und aus denen kein Weg ins wirkliche Leben führte.

Nach allem Warten und schließlich dem Entschluß, ohne Mira aufzubrechen, blieben noch elf Tage bis zum Ende meiner von der Disposition des Syndikats verordneten arbeitsfreien Wochen. In dieser Zeit mußte, was von meinem Märchen noch zu retten war, aus den Fluten gezogen werden, so wie Nixen oder Meerjungfrauen, unsterbliche Halbfische, von Fischern aus der Tiefe gezogen worden waren, die bis zum Augenblick dieses Fangs nie an die Existenz solcher Wesen geglaubt hatten.

Es regnete in Strömen, als Nhean mich zum Busbahnhof begleitete, an dem er mich bloß eine Woche zuvor als Passagier für eine Überfahrt nach Siam Reap und Angkor auf dem Tonle Sap gewonnen hatte. Wir tauschten beim Abschied unsere Adressen im globalen Netz, aber keiner von uns beiden glaubte vermutlich, daß wir uns je wiedersehen würden.

Das Gedränge, ja Getümmel zwischen den Bussen war eine Erinnerung daran, daß auch in diesem Teil der Welt zu viele Menschen um Wohnung, Arbeit und Nahrung kämpften, um auf dauerhafte Freundschaften, Gemeinschaften, Liebschaften bauen zu können. Auf Nheans verwaschenem und von Löchern übersäten T-Shirt stand in roten, lodernden Buchstaben auf schwarzem Grund in der Sprache der Khmer ein Gesetz, das mir der Bootsmann mit *Everyone for himself* übersetzte: Jeder für sich. Ich hatte ihn erst in einer verlegenen Abschiedsminute, in der ich vergeblich nach geeigneten Worten suchte, nach der Bedeutung der roten Zeichen auf seiner Brust gefragt.

Als ich den Bus zur laotischen Grenze und nach Nakasong bestieg, geriet ich in dem vollbesetzten Gefährt, das nach den dampfenden Kleidern der Passagiere stank, von denen kaum einer weniger durchnäßt war als ich, mit einem dürren, kahlköpfigen Touristen aus der Nordamerikanischen Allianz in Streit um meinen reservierten Platz. Ich war schon bereit, den Mann, der, ohne mir zuzuhören, bloß wiederholte, lange vor mir eingestiegen zu sein, an seinem tätowierten Arm vom Sitz zu zerren, als ein uniformierter Busbegleiter dem Dürren bedeutete, daß er vor einer Fahrt durch Kambodscha besser die Bombentrichter wieder zuschaufeln und begrünen sollte, die Amerika über Jahrhunderte in Dörfer, Städte, Reisfelder und Plantagen geschlagen hatte, und stieß ihn zum verhaltenen Gelächter einiger Passagiere aus dem Bus.

Mehr als elf Stunden dauerte die Fahrt bis zu dem fünfzehn Kilometer jenseits der kambodschanischen Grenze gelegenen Fährhafen zu den Inseln. Dort bestieg ich, ganz wie in Miras und meinen Plänen für diese Tage festgelegt, ein Boot zur laotischen Strominsel Don Khong. Es war Mira gewesen, die Don Khong als den Ort bestimmt hatte, an dem unsere Stromfahrt beginnen sollte. Erst als auf meinem Weg zu jenem Landesteg, an dem Kajaks nur gegen die Landeswährung vermietet wurden – Glanz und Wert des Dollar waren auch hier längst verblaßt –, eine Frau ihren grellgelben Sonnenschirm senkte und mich erstaunt, vielleicht auch belustigt ansah, merkte ich, daß ich wohl schon den ganzen Weg vom Bus zum Steg laut mit Mira gesprochen und sie auch beschimpft hatte. Die Deichgräfin hatte mich buchstäblich im Regen, in den Wolkenbrüchen dieser Tage sitzenlassen. Aber mein Selbstgespräch sollte nur zum Anfang eines langen Disputes nicht bloß mit meiner unsichtbaren Schwester werden, sondern auch mit Jana, meiner auf ihrer adriatischen Heimatinsel verschollenen Mutter, und meinem Vater, dem flüchtigen Mörder.

Ich hatte bis zu diesem Tag nur im Tosen des Großen Falls Selbstgespräche geführt, wenn ich die Wassermusik, in der meine Stimme unterging, als Tarnung und Filter verwendete, um ansonsten unsagbare Dinge nicht nur zu flüstern, sondern in die Gischt, gegen die Felsen oder gegen die Wolken zu schreien, Verfluchungen, Schimpfworte, Obszönitäten, die leichter werden ließen, was immer mir gerade auf der Seele lag. Gegengewichte.

Der Besitzer von einem Dutzend neonfarbiger Kajaks, mit dem ich mich schließlich auf die Wochenmiete für ein himmelblaues, von tiefen Kerben und Schlagspuren schraffiertes Gefährt einigte, erzählte mir von einem Kleinkrieg zwischen zwei Inseldörfern, der nach einem knapp gewonnenen oder knapp verlorenen Bootsrennen ausgebrochen war. Drei Tote hatte dieser Kampf gefordert, und noch bevor ich mit eindringlichen Warnungen und Routenempfehlungen versehen in mein Boot stieg, begann sich eine Brücke zwischen jenen europäischen Regionen und wasserarmen Schlachtfeldern zu spannen, von denen Bandon umgeben war – und jenem Inselreich, das ich durchfahren wollte. Ein Gesetz galt offensichtlich hier wie dort, Nhean trug es in roten Lettern auf der Brust: *Jeder für sich.* Die viertausend vom Mekong umrauschten Inseln erschienen so zugleich als Modell für die Zukunft des von Starkstromleitungen, Flüssen, Schienensträngen und Grenzzäunen eingeschnürten europäischen Kontinents.

Kleiner, immer kleiner wurden da wie dort die von Taubheit und Blindheit gegenüber allem Unbekannten, Fremden und der Flut umrauschten Inseln und Reservate, bis am Ende wohl nur noch Bootsleute ohne Landesteg, unnachgiebige Vaterlandsanbeter und Übriggebliebene allein in der Wildnis standen, Fischer, Schleusenwärter, Fahnenschwenker, die unter dem Vorwand, die eigenen Landeplätze und Fangplätze, Trachten, Bräuche und Sprachen zu verteidigen, übereinander herfielen und sich am Ende erschlugen.

Hatten Mira und ich uns das Paradies der Strömungen und Inseln so vorgestellt? Alle Ufer waren dicht bewachsen und flach wie Flöße, die Wirbel, das glatte Zugwasser und Kehrwasser vor den Sandbänken glichen tatsächlich den Bildern unserer Träume. Aber

Mira war weit, empörend weit entfernt. Sie hatte ihr Versprechen, das mir in den vergangenen Monaten während meiner Arbeit an Entlastungskanälen, Staubecken und Dämmen auf entminten Reisfeldern immer wieder als heller Streif im verhangenen Grau der Monsuntage erschienen war, gebrochen. Sie war verschollen wie Jana, flüchtig wie mein Vater. Unerreichbar.

Aber ich hörte ihre Stimme im Motorgeräusch von Fähren, Fischerbooten und Lastwagen und im Rauschen der Rosenteakholzwälder. Ich sah, wie sie zwischen den Wellenreliefs des Mekong Erdbeeren pflückte, und spürte den festen Griff, mit dem sie mir trotz ihrer Glasknochen die Schere entwunden hatte, mit der ich am Fallmeisterhaus Hornissen in ihren wirren Flugmanövern in zwei Hälften schneiden wollte. Ich konnte lange Passagen jener Geschichten nachsprechen, die sie mir vorgelesen hatte. Ich hörte sie lachen. Und ihr Bauch wärmte meine Stirn. Ihre Fingerkuppen trippelten und liefen, glitten, rannten über alle Senken und Ebenen, Höhlungen und Verstekke meines Körpers dahin, zeichneten meine Lippen nach, schlugen sich durchs Haardickicht und fanden nirgendwo Widerstand. Ich war kein Pharao. Ich war bloß Wasserträger am Bau einer Pyramide, die aus Erinnerung, Sehnsucht, Enttäuschung und Wut bestand.

Die Route in den ersten Tagen meiner Kajakfahrt auf dem Mekong glich wohl der Flugbahn einer Hornisse oder einer Küchenfliege, einem Knäuel aus ständig wechselnden Richtungen und Zielen: Wenn der Strom es zuließ, trieb ich im glatten Wasser dahin und dorthin, leistete der Strömung dann wieder mit zornigen Paddelschlägen Widerstand oder folgte der Anziehung eines stromaufwärts lockenden, fernen Zieles, einer rätselhaften, flirrenden Wolke über dem tiefen Grün des Uferdickichts, die sich in der Annäherung als Schwarm weißer Ibisse erwies, der in einer vom Geräusch meiner Ruderblätter ausgelösten Explosion zerstob. Ich näherte mich dem Skelett eines ertrunkenen Riesen, das sich in ein Walgerippe und schließlich in das bemooste Wrack eines Langbootes verwandelte, das im seichten Wasser vor einer Sandbank in Lianenvorhänge verstrickt lag. Ich paddelte bei Anbruch der Nacht auf die Lichter eines Uferdorfes zu, die dann zu einer Barrikade aus schwarzem, phosphoreszierenden Treibholz wurden.

Einmal machten mir unerklärliche Geräusche an einem nachtschwarzen Ufer, Kreischen, gellende Schreie, von denen ich nicht sagen konnte, ob sie von Menschen oder Tieren kamen, solche Angst, daß ich das Boot an den zu den Sternen zeigenden Luftwurzeln eines von der Flut gefällten Banyan-Baumes festband und in grotesker Haltung im Kajak schlief, bis mich ein Krampf weckte und ich mich im ersten Morgengrauen auf der Suche nach einem bequemeren Ruhe- und Liegeplatz stromabwärts treiben ließ.

Aber je vertrauter mir mit jeder Routenschleife um

eine der Inseln der Stromabschnitt von Si Phan Don in den Tagen auf dem Wasser wurde, desto mehr entwirrte sich das Richtungsknäuel und begann, jenen Entdeckungsreisen durch das Universum zu gleichen, die mich gemeinsam mit Mira zu den Sternen geführt hatten. Wir waren zwar nur vor den Bildschirmen des Fallmeisterhauses durch Räume und Zeiten gesegelt, hatten uns aber in diesen Stunden weiter vom Großen Fall entfernt als je ein Bewohner am Ufer des Weißen Flusses.

Nahezu täglich aktualisierte und immer komplexer und ungeheuerlicher werdende Spielprogramme, die allesamt der Erschließung und Eroberung von Schwarzen Löchern, Lichtjahren entfernten Riesensonnen und von feindlichen Flotten durchkreuzten Arealen eines bösartigen Himmels galten, hatten uns – ohne daß wir je einen Einspruch von Jana oder unserem Vater befürchten mußten – bis an die Grenzen des Universums geführt. Wir hatten Planetensysteme unterworfen oder zerstört und hatten, wenn wir irgendwann ins Freie traten, um unsere Phantasien am Ufer des Weißen Flusses und im Wasserstaub des Großen Falls weiterzuspinnen, über Klippen, Felsenufer und Sandbänke das Netz intergalaktischer Spielmuster geworfen. Wasseramseln wurden uns so zu Boten anfliegender Aliens, Regenbogenforellen und Barsche zu lichtschnellen Boten namenloser Kulturen und die von der Strömung ausgewaschenen Höhlen zu Gravitationslöchern, die alles verschluckten, was ihnen vom

Weißen Fluß und seiner vernichtenden Schwerkraft zugetragen wurde.

Mira, meine Pharaonin, hatte mit mir erlöschende Sonnen umkreist, gespenstisch gestaltete Bewohner von Eisplaneten getauft und ihnen Geschichten gegeben, bis wir nichts mehr fanden, was noch zu benennen, zu zerstören oder zu erobern gewesen wäre und einander erschöpft und stumm an den Händen hielten.

Als ob die Erinnerung an diese Spiele von meinen Paddelschlägen aus den Tiefen des Mekong geschaufelt wurde und als Tropfenschauer auf meine Route herabregnete, glitt ich in diesen Tagen manchmal doch gemeinsam mit der Pharaonin dahin – und nicht nur mit ihr. Ich schrie durch symphonische Wassergeräusche Jana, meiner Mutter, Fragen zu und meinem Vater Verfluchungen, aber der Mekong gab Antworten, die ich nicht verstand. Ich bin der Sohn eines Mörders, hörte meine Mutter mich wieder und wieder brüllen. Und ihrem verschollenen Mann drohte ich: Ich werde dich suchen. Ich werde dich finden. Ich werde dich töten. So rauschte der Mekong. So rauschte ich mit dem Mekong dahin.

Jede Insel, die ich umkreise, war ein unentdeckter Planet. Die Strömungen, die an meinem Gefährt rüttelten und es an Wirbel drängten, in denen für immer verschwand, wer sein Paddel nicht mit aller Kraft dagegenschlug, waren erfüllt von Asteroidenschauern, den Wracks von Raumkreuzern und aus ihrer Bahn gesprengten Schweifsternen.

Und als ich weit, Lichtjahre weit draußen im Raum endlich ganz allein war, bevölkerten sich die Ufer allmählich mit den Bewohnern Bandons, die Kegelhüte trugen und bis zu den Knien nicht in Reisfeldern standen, sondern in überfluteten Erdbeerfeldern, die das Wasser rot färbten, blutrot. Im Weißen Fluß Ertrunkene pflückten die süßen Früchte zum Klavierspiel und den Arien einer geisterhaften Katzenfrau, deren Stimme in meinem Kopf nachklang. Ein Turbinenwärter streckte die Arme vergeblich nach den Wolken, um sich an die Treppenstufen eines in die Stratosphäre ragenden Kumulusturmes zu retten. Und eine Änderungsschneiderin wirbelte in ihrer goldbestickten Tracht im Weißwasser davon, während ihre taubstumme Tochter Hilferufe in das Tosen des Flusses lallte.

Ich schlug also mein Paddel in die Zeit und lenkte meinen Kajak in alle ihre Richtungen, ohne je die Gegenwart zu erreichen. Ich war der Sohn eines Mannes, der sein ganzes Leben in den Schatten der Vergangenheit gezerrt hatte und für einen Verbleib in diesem Schattenreich bereit gewesen war zu töten. Und er hatte auch mich gefangengesetzt in der Erinnerung an eine Tat, die ich nur aus den Berichten von Zeugen kannte und die deswegen in meinem Kopf alle Konturen verloren hatte und zu einer übermächtigen Allgegenwart geworden war.

Ich werde dich suchen, schrie ich über das Wasser und grub mein Paddel in die Wellen und sah, wie über spiegelnde Reisfelder gebeugte Menschen am Ufer die von Kegelhüten beschatteten Köpfe hoben und meiner Fahrt mit ihren Blicken folgten. Ich werde dich suchen. Ich werde dich töten.

Als ich nach neun Tagen auf dem Strom den Flußhafen von Veun Kham an der kambodschanisch-laotischen Grenze erreichte, dort an einem mit Lichterketten bekränzten Landesteg wieder Anschluß an das Große Netz fand und in einer von Bildschirmen flackernden, fensterlosen Bambushütte auch eine meinem Alphabet entsprechende Tastatur, band ich den Kajak los und ließ ihn leer stromabwärts treiben. Er sollte mein unerfülltes, untrennbar mit Mira verbundenes Verlangen nach Umarmung, Zärtlichkeit, ägyptischer Liebe bis ans Südchinesische Meer tragen. Dem Bootseigner schickte ich Geld und die Nachricht über das Netz, daß sein Kajak in den Katarakten von Khon Phapheng verlorengegangen war. Ohne noch auf seine wütende Antwort zu reagieren, machte ich mich dann gemeinsam mit neun Passagieren (von denen fünf wie ich in den Diensten des Syndikats standen) in einem winterlich klimatisierten Kleinbus auf den Weg zurück zu meinen Wasserbaulosen im Landesinneren von Kambodscha.

Als ob nicht nur das Volk der Khmer, sondern auch alle Besucher des Landes beständig an das Verhängnis erinnert werden sollten, das auf die Verklärung einer vermeintlich triumphalen, von Göttern, Nibelungen oder antiken Kriegshelden bevölkerten Vergangenheit gefolgt war, passierte der Bus auf dieser Fahrt drei von jenen im ganzen Land aufragenden Schädeltürmen, die zwischen Betonsäulen und Glaswänden die Gebeine der Opfer der Gewaltherrschaft der Weißen Khmer zur Schau stellten.

Ich war auf den Fahrten zu meinen Wasserbaustellen immer wieder an solchen Mahnmalen vorübergekommen, empfand aber diesmal wie nie zuvor, wie sehr diese Türme auch mir den Weg zu den Abgründen meines Lebens wiesen. Die Tempel des imperialen Angkor hatten viele Jahrhunderte nach ihrer Errichtung dem Rückfall in die Barbarei in ähnlicher Weise als Wegzeichen gedient wie die Schleusentore und Fahrrinnen und alle anderen, der Überwindung des Großen Falls dienenden Wasserbauwerke, die von jenen Fallmeistern beaufsichtigt worden waren, denen mein Vater um jeden Preis nachfolgen wollte.

Aber was dem Lauf der Zeit zum Opfer gefallen war, kehrte auch am Großen Fall nicht wieder. Selbst Ströme, die ihre Fließrichtung umkehren und sich wieder ihren Quellgebieten zuwenden konnten, waren bloß eine Erinnerung daran, daß, was ihnen möglich war, bestenfalls noch Göttern offenstand, die über den Wechsel von Regen- und Trockenzeiten geboten, aber niemals den Menschen.

Versuchten Sterbliche den Lauf der Zeit dennoch umzukehren, um zu Asche zerfallene Glorie neu zu entflammen, und verletzten dabei die Gesetze der Zeit, verwandelten sie sich in Mörder. Dann wurden selbst Koseworte zu Flüchen, ja Todesurteilen. Und Wasser zu Blut.

7

Erniedrigung

Von den *Rotterdamer Sanktionen* erfuhr ich durch eine
verschlüsselte Datei, die in einem für mich reservierten Eingangsordner der kambodschanischen Wasser-
verwaltung am Sen-Fluß schon tagelang bereitlag.
Dateien wie diese, Befehle und Anweisungen des
Syndikats, waren nur über den zentralen Quanten-
computer in Kampong Thom abzurufen und wurden
nach ihrer Lektüre in einem manipulationsresistenten
Archiv verwahrt. Alle Versuche, Nachrichten oder
Strukturpläne des Syndikats an irgendeiner öffentlich
zugänglichen Netzstation auf einen mobilen Rechner
zu übertragen, zeigten stets nur einen leeren, weißen
Bildschirm, der nach exakt neun Sekunden schwarz
wurde und das jeweilige Zugriffsgerät anschließend für
Tage blockierte oder – je nach Sensibiliät der Daten –
zum Zeichen für eine unwiderrufliche Netzsperre
wurde, die ein mobiles Empfangsgerät in Schrott verwandelte.

Rotterdam, die Stadt, in der ich meine Prüfungen
abgelegt und meine hydrotechnischen Titel erworben
hatte, war aus einer der vier Nordatlantischen Allian-

zen ausgetreten und hatte sich und sein Hafengebiet, das trotz der großen Konkurrenz Antwerpens immer noch größter Seehafen des europäischen Kontinents war, zum unabhängigen Stadtstaat erklärt.

Die durch diesen von den Separatisten als *revolutionär* gepriesenen Schritt – der in Wahrheit bloß die von nationalen Leidenschaften befeuerten europäischen Schrumpfungsprozesse weiter beschleunigte – zur bloßen Kundschaft an den Docks degradierten ehemaligen Verbündeten der Stadt hatten nach dem Ende einer Reihe von blutigen Zusammenstößen zwischen den Rotterdamer Rebellen und der Rhein-Maas-Allianz eine Serie von Sanktionen verhängt, die sich selbst auf jenes interkontinentale und offenbar allmächtige Syndikat auswirkten, dem ich seit dem Ende meiner Studienzeit unterstand: So wurde das gesamte, in Rotterdamer Hochschulen und hydrotechnischen Ausbildungsstätten beschäftige, bis dahin von der Allianz berufene und kontrollierte Lehrpersonal abgezogen. Alle an den entsprechenden wissenschaftlichen und technischen Instituten erworbenen Titel verloren ihre Gültigkeit. Wer immer in Anerkennung eines Rotterdamer Titels mit einer Funktion betraut worden war oder ein Wasseramt bekleidet hatte, mußte seine Fähigkeiten durch eine entsprechende Serie neuer Examen und unbezahlte, monatelange, ja bis zu zweijährige Probezeiten abermals unter Beweis stellen.

Selbst die Rotterdamer Universität, eben noch Zentrum der kontinentalen Hydrotechnologie, verlor damit alle Bedeutung. An der Nordsee standen schließlich auch noch andere Zugänge in die globale Wasserwirtschaft offen, die längst sämtliche ehemals staatlichen Strukturen durch ein über Kontinente, Ströme und Ozeane ausgespanntes Netz und eine Verfügungsgewalt ersetzt hatte, die keinerlei Widerspruch duldete.

Für mich hätten diese Sanktionen bedeutet, mich nun Instanzen und Behörden auszuliefern, deren subalternem und oft durch parteipolitische Günstlingswirtschaft befördertem Personal bis dahin ich, ich! Anweisungen gegeben hatte. Idioten vom Schlag eines Deichgrafen oder schon ein ahnungsloser Techniker in der Zulassungsbehörde für Klein- und Wirbelstromkraftwerke konnten nun Schrittmacher und Entwicklungstechniker wie mich, der ich solche Kraftwerke konstruiert und zu einer bis dahin als unmöglich geltenden Effizienz gebracht hatte, mit Zeugnissen, Rügen und Anweisungen zur Raserei treiben.

Obwohl ich keine Ahnung hatte, in welchen Bereich der Hydrotechnik ich wechseln könnte – schließlich gab es kaum ein fließendes Gewässer, das sich auf seinem Weg zum Meer der Kontrolle der Syndikate entwand –, reichte ich postwendend meine Kündigung ein.

Ich hatte in allen Jahren, in denen ich im Dienst des Syndikats in den Einzugsgebieten großer Ströme gearbeitet hatte, kein einziges Mal auch nur das Gesicht eines Vorgesetzten oder eines Projektmanagers gesehen und auch nie, selbst bei bestem Empfang, eine menschliche Stimme aus irgendeiner der höchsten Etagen gehört, sondern bei allem, was je zu fragen, zu klären oder zu beurteilen gewesen war, nur anonyme, mit Kennungen versehene Bescheide auf Bildschirmen gelesen. Gut möglich, daß hinter der gesamten Korrespondenz zwischen mir und dem Syndikat nur ein Algorithmus stand, der sich mit unbeschränkter Kombinationsfreiheit aus dem globalen Datenstrom bedienen und sich allein und ohne jeden menschlichen Eingriff in die Zukunft verlängern konnte.

Deswegen war es eine rätselhafte, ja erniedrigende Überraschung, als meiner Kündigung noch am Sen-Fluß eine ebenso postwendende Antwort beschieden wurde, die zwar auch von einem Programm kreiert worden sein konnte, mich aber wie eine Verfluchung traf: Ich sollte anstelle interkontinentaler Einsätze den Erinnerungscampus am Weißen Fluß übernehmen – die musealen Schleusentore und Fahrrinnen am Großen Fall! Dafür seien keine wasserbautechnischen Qualifikationen erforderlich, hieß es in einem entsprechenden Bescheid, und, wer weiß, aus dieser Position könnte ich mich nach Beruhigung der gegenwärtigen Turbulenzen möglicherweise wieder bis zu meinen verlorenen Arbeitsebenen hochdienen. Bei Annahme des Angebots stünden mir drei Monate bezahlte Übergangszeit bis zum Antritt meines neuen Amtes am Großen Fall zur Verfügung.

Ich hätte diese über mich verhängte Erniedrigung

unbeantwortet zur Löschung freigegeben, wenn ich in einem Teehaus am Ufer des Sen-Flusses, in dem ich einen ganzen Nachmittag lang zu jeder Schale Tee ein Glas Reisschnaps trank, nicht eine magnetische Perspektive in diesem Angebot entdeckt hätte: drei Monate bezahlte Übergangszeit ohne Aktionsempfehlungen.

Ich hatte im dichter werdenden Schnapsnebel am Sen-Fluß schon überlegt, mich bei einer aus andalusischen Dörfern, Städten und Clans gebildeten Allianz, die um drei Quellgebiete und strittige Wasserrechte in der Sierra Nevada kämpfte, als Legionär zu bewerben. Mit weiteren Gläsern begann ich das Angebot des Syndikats allerdings mit wachsenden Vorzügen zu verbinden:

Vielleicht konnte ich in den Übergangsmonaten ja sowohl der Spur meiner Schwester als auch der meines Vaters folgen. Und vielleicht gelang es sogar, auch Jana in dieser Zeit aus einem bloßen Erinnerungsbild und einer Phantasiegestalt wieder zurückzuverwandeln in einen sprechenden, körperlichen Menschen.

Ein verschwommenes Digitalbild von einem aus dicht zusammengedrängten Steinhäusern bestehenden Dorf an der Abbruchkante der Steilküste der adriatischen Insel Cres war die bislang letzte Nachricht von Jana geblieben, die auf dem Bildschirm meines Telefons vor mehr als zwei Jahren erschienen war. Vielleicht waren ihre Nachrichten, falls sie mir tatsächlich an meine Baulose geschrieben hatte, auch jenen Zensurfiltern zum Opfer gefallen, die jede Beunruhigung an den Einsatzorten und vor allem in den Köpfen des technischen Personals verhindern sollten. Die Behörden, stand in der zwei Jahre alten Nachricht unter dem Bild des Steindorfes, hätten die unwiderrufliche Trennung von unserem Vater genehmigt. Sie sei nun endlich frei.

Auch wenn ich Zweifel daran hatte, ob drei Monate für die zahllosen Ansuchen und Bewilligungen, Routenpermits, Visa, Pässe, Seuchenkontrollen und Gesundheitszeugnisse, die ich für Reisen an die Nordsee und später an die Adria ohne arbeitstechnische Begründungen benötigte, tatsächlich ausreichen würden, standen meine Pläne bereits fest, als ich den zweistrahligen Transporter des Syndikats in Phnom Penh bestieg: Ich würde die Monate, die mir noch bis zum Antritt der Tage eines Fallmeisters blieben, nutzen, um nach den verschollenen, leibhaftigen Menschen meiner Vergangenheit zu suchen und sie zu zwingen, mir zu sagen, warum sie aus meinem Leben verschwunden waren. Und das Haus meiner Kindheit am Großen Fall würde ich beziehen, nachdem ich eine Antwort auf die Frage gefunden hatte, warum ich nun zu seinem einzigen Bewohner werden sollte.

Die Korridore der Flugrouten, die Asien und Europa miteinander vernähten, waren längst nicht weniger fragmentiert als die Routen auf dem europäischen Kontinent und zwangen jede Maschine zwischen den erratischen Blöcken sibirischer, russischer und chinesischer Herrschaftsgebiete zu einer Reihe durch Transitkontrollen, Formulare und Umsteigeprozeduren beschwerten Zwischenlandungen. Flüge, die, wie einer der Kopiloten in einer launigen Begrüßung sagte, in *seligen Zeiten* kaum mehr als zehn oder zwölf Stunden gedauert hatten, nahmen nun fünf Tage und mehr in Anspruch.

Als ich nach scheinbar endlosen Flügen und Zwischenaufenthalten, einem Fegefeuer aus Warteschlangen, Befragungen und schlaflosen Nächten in Transitarealen endlich den vor der Abfahrt plombierten Verbindungszug zwischen dem Großflughafen im ehemaligen Protektionsgebiet Birkenau-Nord und den alpenvorländischen Kommissariaten und Grafschaften bestieg, fühlte ich mich so zerschlagen und müde, daß ein Mann des schwer bewaffneten, schwarz uniformierten Sicherheitspersonals mich aus einem traumlosen Schlaf wecken mußte, um mich darauf aufmerksam zu machen, daß das in meinem Armband gespeicherte Ticket in schrillen Tönen zirpte:

Höchste Zeit, in den *Transcontinental* zu den Kriegsgebieten an der Elbmündung umzusteigen, in einen weiteren digital versiegelten Zug, der mich ohne einen einzigen Zwischenaufenthalt an die Nordsee bringen, zu Mira bringen sollte. Sie hatte alle meine Ankündigungen entweder durch eines der zahllosen *Updates* der Zensurbestimmungen nicht erhalten oder als unerwünschte Post selber aus ihrem Eingangsordner gefiltert.

Es gab kaum eine Erklärung, die ich mir zu ihrem

Schweigen ausdachte, die mich nicht wütend werden ließ. Aber der Nebel meiner Ratlosigkeit würde nach zwei, drei Tagen einer Fahrt, die über zwanzig oder mehr Grenzen führte, gewiß verfliegen. Wenn ich unterwegs, immer noch erschöpft von den Zeitverschiebungen, einnickte, empfand ich, benommen von wirren Tagträumen, so etwas wie Hoffnung, daß es für die Stille zwischen Mira und mir vielleicht noch eine besänftigende Erklärung gab, an die ich bis jetzt nicht gedacht hatte und die mich an meinem Ziel von meiner Wut befreien würde.

Schnee!

Ich hatte jahrelang keinen Schnee mehr gesehen, als ich nach nur zwei Stunden Fahrt in dem für Hydrotechniker reservierten Salonwagen eines von Rostflecken übersäten, einst wohl silbrig spiegelnden Transcontinental, die ich verschlafen hatte, erwachte: Schnee. Felder und einzelne, weit verstreute Bastionen und Wachtürme, die am getönten Fenster meines von drei weiteren, schweigsamen Hydrotechnikern besetzten Abteils vorüberhuschten, trugen schwer an einer Schneelast, die in weißen Wirbeln und Schraffuren mit jeder Sekunde größer zu werden schien. Hätten denn nach allen Prognosen zu den Veränderungen des Klimas, die für diese Breitengrade Bilder einer mediterranen, ja subtropischen Landschaft heraufbeschworen, nicht bis an die Elbe Palmen rauschen sollen, Rhododendren blühen, Bougainvillea?

Im Abteil erinnerte nur eine Leopardenfellmütze, die einer meiner Mitreisenden trug, an tropische Gegenden. Die Mütze zeigte den Rang eines Technikers, der sich in jedem seiner Einsatzgebiete mit den aristokratischen Insignien dieser Region schmücken durfte. Was für ein Idiot. Mir wäre nie in den Sinn gekommen, mir eine am Amazonas erworbene Federkrone eines Stammesfürsten an die Stirn zu binden.

Der stumme Leopard, der in Kartenmaterial vertieft mir gegenübersaß und trotz des winterlich grauen Lichts über der Landschaft seine Sonnenbrille niemals abnahm, hatte wohl an den Viktoriafällen Dienst versehen. Ich hatte viel von den Kämpfen gelesen, die am Sambesi um die Errichtung von Staudämmen und den damit verbundenen Untergang ganzer Landstriche, Jagdgebiete und Dörfer aufgeflammt waren. Ein texanisches Syndikat war von den militärischen Kosten, die diese Aufstände verursacht hatten, in den Ruin getrieben worden – ein Hydrosyndikat in den Ruin! Eine Einmaligkeit in den als unbesiegbar geltenden Kompanien der globalen Wasserwirtschaft.

In meiner Zeit am Rio Xingu und erst recht später, zwischen verminten Reisfeldern am Mekong, hatte ich mir insgeheim vorgestellt, daß sich auch die Vegetation in den Landschaften meiner Kindheit und vielleicht sogar die nordatlantischen Einöden um Miras neue Heimat durch die Erwärmung der terrestrischen Atmosphäre nicht mehr wesentlich vom Grün asiatischer Kulissen unterscheiden würde. Ich erinnerte mich gut, daß bei meinem letzten Besuch am Großen Fall nie gesehene Sumpflilien und Orchideen an den Bandoner Ufern geblüht hatten. Aber jetzt: Schnee. Schnee, in dessen gelegentlichem Glitzern (die Sonne schlug zwischen schmalen Wolkenrissen fast schmerzhaft durch) ich in meinem Zugabteil schläfrig zurückglitt in die Winter meiner Kindheit am Weißen Fluß. Am Großen Fall hatten damals baumstarke Säulen aus Eis den Himmel mit den im Niedrigwasser träge gewordenen Wirbeln verbunden. *Himmelspaläste* hatte Mira diese gläsernen Frostarchitekturen genannt, die zwischen den Restwasserrinnsalen aus den Sturztreppen des Falls aufragten und in deren kristalliner Textur die Reflexe des Sonnenlichtes als Funkenregen glitzerten.

Mira. Ich sah jedes Bild klar und kalt wie einen von Traufenwasser übergossenen und gefrorenen Blütenball jener betörend duftenden Viburnum-Sträucher, die selbst im Schatten des Fallmeisterhauses in den Weihnachtstagen und bei alles verglasender Kälte in Blüte standen. Jana hatte diese Sträucher als Erinnerung an ihre adriatische Heimat gepflanzt, meterhohes Strauchwerk, das seine Blätter im Herbst abwarf, um in winterlicher Kahlheit nach Flieder und Veilchen duftende Blütenbälle auszutreiben, so als sollte dadurch und in verspielter Leichtigkeit eine Art Triumph über den Frost und den Schnee gefeiert werden.

Wenn der Transcontinental zumeist in der Dunkelheit auf freiem Feld immer wieder für eine Stunde

oder länger hielt, krochen die Lichtfinger der Laser-
geräte von Kontrollposten über die Speicherleisten an
den Fenstern und Türen der Waggons, an denen die
Daten, Bilder, Visa und Reisepermits der Passagiere
abzulesen waren. Soviel ich erkennen konnte, kam es
bis zur Endstation im Mündungsdelta der Elbe nur
zweimal vor, daß die digitalen Plomben eines Waggons entriegelt und Verdächtige zu einem bereitste-
henden Panzerfahrzeug geschleift wurden. Die Hydrotechniker, mit denen ich mir das Salonabteil teilte,
betrachteten den Tanz der Schemen in der Dunkelheit ebenso schweigend und scheinbar gleichgültig
wie ich. Es konnte schädlich sein, Zwischenfälle wie
diesen vor Unbekannten zu kommentieren, denn auch
dieser, von einer fernen Zentrale gesteuerte Zug hatte
Ohren und Augen wie alle Transporteinrichtungen,
die von verschiedenen Stämmen, Kommissariaten
oder Clans als einziges Zugeständnis an multilaterale
Interessen gemeinsam betrieben wurden. Was durch
nachlässig getarnte Linsen gesehen und durch ebenso
nachlässig getarnte Mikrophone gehört wurde – wozu
Tarnung, wenn eine allgegenwärtige Überwachung
zu den Selbstverständlichkeiten in jedem öffentlichen
Raum gehörte? –, konnte einen Halt auf freier Strecke
bewirken, konnte gepanzerte Fahrzeuge auffahren lassen und gespenstische Schemen durch die Dunkelheit
jagen.

   Am Morgen des dritten Tages der Fahrt an den nördlichen Atlantik, die Schneedecke auf dem Land war mit

jedem Kilometer dünner geworden und schließlich im Morast baum- und strauchloser Weideflächen versunken, zog der Meereshorizont unter bewegungslosen Wolkentürmen einen eisengrauen Strich durch das Abteilfenster. Ob, was die Passagiere in unbestimmter Ferne sahen, tatsächlich die See war oder bloß das die Wellen nachbildende Watt, das wie der aus der Tiefe emporgestemmte und vom abfließenden Wasser lakkierte Sandgrund den Himmel spiegelte, war nicht zu erkennen.

Ich hatte mein Ziel erreicht. Aber die auf dem Abteilfenster in einer rot fließenden Leuchtschleife angezeigte Endstation lag in einer nach allen Himmelsrichtungen davonjagenden Leere: nur Himmel, nur Wasser, Schlick und Sand, überspannt allein von endlos erscheinenden Brückenkonstruktionen, die ein unsichtbares, weil irgendwo unter dem Horizont liegendes Festland mit dem Ozean verbanden. Als ob die auf einer Kolonnade aus stählernen Gitterpfeilern ruhende Endstation sieben, acht, neun und mehr Spinnenarme nach dem Festland ausgestreckt und dabei doch nur einen Horizont aus Schlick und Wasser zu fassen bekommen hätte, ragte die Zentralstation wie eine der alten atlantischen Bohrinseln aus einem vergessenen Jahrhundert aus der Flut. An den Prellbökken im Inneren des Spinnenbauches standen mehrere, von schwarz Uniformierten bewachte Züge; eine von Kondensnebeln verschleierte Beute.

Die Türen des Transcontinental wurden erst geöffnet, nachdem Namen und Ticketnummern der Passagiere vom bewaffneten Bahnhofspersonal, das in seiner Ausrüstung nicht von Kampftruppen zu unterscheiden war, überprüft und auf einen über den Prellböcken flackernden Bildschirm projiziert worden waren.

Ich hatte die stählernen Verbindungsbrücken, die viele Quadratkilometer überflutetes Land überspannten, bereits auf dem Foto eines Reisedienstes gesehen, das Mira mir an den Amazonas geschickt hatte: Die Spinne griff darauf nach einem den Himmel verdunkelnden Wirbel – es war offensichtlich eine von Zensurprogrammen über das Bild der zentralen Bahnstation gelegte Schwärzung, die es unmöglich machen sollte, architektonische oder strategische Details des Bauwerks zu erkennen.

Als ob Satellitenketten und die Bombergeschwader der in diesen Monaten wieder aufgeflammten Frieslandkriege nicht jedes Detail von Brücken und Bahndämmen weitaus genauer auf jeder ihrer Zieleinrichtungen hätten erscheinen lassen können als eine Ansichtskarte. Was für eine seltsame, an lächerlich gewordene Luftschlachten erinnernde Attitüde. Selbst ich hätte mit den Programmschlüsseln eines privilegierten Hydrotechnikers aus dem Netz die Koordinaten des Bahnhofs filtern können. Aber vielleicht galt diese Zensur ja weder der Spinne noch der zentralen Bahnstation, sondern den Resten, die da und dort, wenn auch erst auf den zweiten Blick sichtbar, zwischen den Prielen und Fahrrinnen aus dem Wasser ragten, den letzten Erinnerungen an die unter dem gestiegenen Meeresspiegel begrabenen Deiche, Dörfer, Straßen, sogar Türme.

Wie zum Hohn wurde hier sichtbar, was ansonsten zu den Bildern von den Staumauern neuester Laufkraftwerke gehörte: das steigende und steigende Wasser, das am Ende übermächtig wurde und alles unter sich begrub. Das Meer, so führte die graue Wasserwelt vor, die alles Land um die zentrale Bahnstation überflutet hatte, das Meer konnte das auch: alles, was es einmal in unzähligen Formen und Gestalten auf das Festland entlassen hatte, wieder zurückzufordern. Was vor Äonen aus der Tiefe hochgestiegen war und an den Küsten zu wüten begonnen hatte, mußte irgendwann wieder in die Tiefe zurück. Und am Ende würde alles Land unter einem von Dampfwolken verdunkelten Himmel wieder so wüst sein und leer wie am Anfang der Zeit.

Als ich nach einer selbst für privilegierte Reisende wie mich langwierigen Gepäckkontrolle aus der glasüberdachten Ankunftshalle ins Freie trat, hörte ich das Brausen der auflaufenden Flut in der Stahlkonstruktion der Pfeiler als das Tosen des Großen Falls. Ich stand unter dem eisengrauen Himmel, der das eisengraue Meer von Miras neuer Welt als gestalt- und formloser Nebel überspannte, und hörte das Tosen des Großen Falls.

Obwohl ich nicht wußte, ob meine Schwester die

Nachricht von meiner Erniedrigung zum Fallmeister und meinem Plan, an den Atlantik und in ihre Nähe zu reisen, erhalten hatte (auch die Kennummern meiner Passierscheine hatte ich ihr geschickt), hatte ich keine Vorkehrungen für einen Aufenthalt an einer Küste getroffen, die, von Hunderten Meßgeräten überwacht, mit jedem Tag weiter vor der Flut zurückwich. Wo vor einem Jahr noch eine Unterkunft oder wenigstens eine trockene Zuflucht gewesen war, rauschte jetzt das Meer und schrumpften die Aufgaben der Hydrotechnik zur Notwehr: nicht Wasser zu stauen, zu kanalisieren und den Turbinen zuzuführen, sondern das Wasser wie eine biblische Plage zu bannen, war an den Küsten eines Ozeans zur zentralen Aufgabe geworden, der längst begonnen hatte, seinen von schmelzenden Polkappen vergrößerten Spiegel höher und höher gegen den Himmel zu heben.

Kein Hotel. Kein Zimmer mit Aussicht. Keine Unterkunft. Die Residenz eines Deichgrafen, so hatte ich gedacht, Miras Adresse, müßte trotz aller, solche Wohnsitze vom gewöhnlichen Leben abschirmender Sicherheitsmaßnahmen zu finden sein. Ein Turm!, hatte Mira mir vor langer Zeit voll Begeisterung an den Rio Xingu geschrieben – ein von den Resten versunkener Deichbauten wie von Festungsmauern umgebener Leuchtturm. Aber ich sah nach allen Himmelsrichtungen nur das Meer.

Die zwischen den Pfeilern anbrandende Flut und der im stählernen Gitterwerk heulende Wind machten das Stimmengewirr vor dem großen Portal des Bahnhofs fast unhörbar. Hunderte Menschen drängten sich hier, um die Ankommenden zu begrüßen. Schilder mit Orts- und Clannamen wurden hochgehalten, Transparente geschwenkt: *Willkommen in den Wellen!* Aber auch: *Landratten, zurück in eure Löcher!*

Als sich in diesem Tumult plötzlich eine Hand mit festem Griff auf meine Schulter legte und dieser Griff sich auch nicht lockerte, als ich mich umzudrehen begann, war ich auf eine weitere Kontrolle durch einen der vielen Uniformierten gefaßt. Aber dann drehte ich mich zögernd weiter – und langsam in Miras Umarmung, in die Arme meines Glasmädchens. Sie lächelte, als ob sie in allen Monaten, Jahren, in denen sie mir schweigend fern gewesen war, auf mich, nur auf mich gewartet hätte. Aber als ich ihre Umarmung erwidern und sie an mich drücken wollte, behutsam wie je, um ihrem zerbrechlichen Brustkorb, ihren filigranen Wirbeln und Gelenken aus Glas keinen Schaden zuzufügen, spürte ich Metall, das eine solche Nähe nicht zuließ.

Mira trug eine jener vernickelten, an imperialen Silberschmuck erinnernden automatischen Waffen, wie sie – zumindest in der Grafschaft Bandon – nur Offiziere des Syndikats und hochrangige Mitglieder des Sicherheitspersonals tragen durften.

Wir sind im Krieg, flüsterte sie und wich vor meinem Versuch zurück, sie zu küssen.

Im Krieg? Mit mir?, sagte ich und legte meine Hand

auf den von den hochwirbelnden Gischtflocken oder auch vom Regen nassen Lauf der Waffe.

Im Krieg gegen das Meer, sagte sie immer noch flüsternd, obwohl uns im Chor der vielen Stimmen und der an die Stützpfeiler brandenden Dünung wohl niemand hätte hören können: im Krieg gegen das Meer und gegen die Gier nach festem Land.

8

Töten

Mira, mein Mädchen aus Glas. Meine gläserne Schwester. Was für eine Frau. Sie war begehrenswert wie in den wirren Träumen, die meine Nächte in den Camps der Baulose am Mekong und Amazonas beschwerlich gemacht hatten. Der Deichgraf, ihr Gefährte, ihr Besitzer!, den ich als ihren Entführer haßte, war seit Wochen auf den Kommandoständen eines Kleinkriegs um Stauwerke und Ableitungssysteme verschollen. Selbst Mira erreichten von diesen Gefechten nur widersprüchliche Berichte. Die Frontverläufe an der Nordsee glichen in manchen Abschnitten Wildfährten, die heute dahin und morgen in entgegengesetzte Richtungen führten, dabei Wege und Kommunikationslinien immer wieder durchschnitten und nichts hinterließen als verwüsteten, von Gräben und Gräbern zerfurchten Morast und in Brackwasser versunkene Schlachtfelder.

Den mächtigen Rundturm aus Granit und rotem Backstein, in dem meine Schwester mir ein Gästequartier zuwies, kannte ich von Blitzlichtbildern, die sie an ihre transatlantischen Nachrichten geheftet hatte. Die Wände dieses Zimmers waren mit Albatrossen und Silbermöwen geschmückt, die in der Textur einer Seemannstätowierung auf den Verputz gemalt worden waren. Der Boden war mit Seehundfellen ausgelegt, die Bettdecke mit Daunen von Eiderenten gefüllt. Trotzdem bot dieser Raum nichts von dem, was meine Träume mir versprochen hatten. Keine Ruhe. Keine friedliche Stille. Keine Geborgenheit in Miras Armen. Selbst wenn ich mich wie ein neugeborenes, blindes Säugetier in die Seehundfelle vergrub, die den aus Bootsplanken gezimmerten Fußboden bedeckten und jeden Schritt unhörbar machten, brauste die Nordsee in meinen Ohren.

Ja!, ja doch: Mira hatte alle meine Nachrichten ebenso wie die vom Tag und der Stunde meiner Ankunft erhalten. Aber waren ihre Antworten tatsächlich, wie sie vermutete, in den Filtern des Syndikats oder in den elektronischen Schutzwällen der Küstenverwaltung versickert?

Sie hatte mich jedenfalls zur angekündigten Stunde erwartet und in einem Boot des Deichgrafenamtes vom Zentralbahnhof in diesen Turm gebracht. Die Fahrt durch ein Labyrinth von Fahrrinnen und Prielen, die je nach auf- und ablaufender Flut ihre Fließrichtung änderten, hatte mich an die Fahrten an der Seite unseres Vaters erinnert, bei denen jedes Wort im Lärm des Wassers und der Motoren untergegangen war. Anweisungen, Fragen, Antworten waren damals nur als Gebrüll verständlich gewesen.

Wer diese im Rhythmus der Gezeiten drehenden Strömungsrichtungen nicht kannte, hatte mir auch Mira durch den Motorenlärm zugerufen, finde sich nach stundenlangen Irrfahrten nicht am Ziel, sondern möglicherweise irgendwo tief unter dem Horizont wieder, weit, rettungslos weit draußen. Auch um diese Fahrrinnen, auch um diese Priele werde gekämpft. Eine Waffe sei für den Fall einer Durchkreuzung der Frontlinien in diesen Gewässern so unentbehrlich wie Navigationsgerät und Schwimmweste.

Ich habe beides nicht, schrie ich Mira zu. Und lachte. Von einem Messer abgesehen, hatte ich noch nie eine Waffe in der Hand gehalten. Sie zeigte nur auf eine Aluminiumkiste neben meinem Sitz.

Auf unserer Überfahrt pflügte das Boot durch eine graue, mit unberechenbar anrollenden Kreuzseen bewehrte Dünung. Ich konnte nirgendwo Stellungen oder Spuren eines Kampfes entdecken.

Wer Wasserwege kontrolliere, die zu irgendeinem Ziel führten, sagte Mira, nachdem sie an der Mole des Leuchtturms die Motoren abgestellt und ihre Waffe in eine wasserfleckige Schultertasche gesteckt hatte, beherrsche bald auch die Ziele selbst, die Häfen, das feste Land. Jede Sandbank, die heute als blasse Sichel aus dem Wasser tauchte und morgen schon wieder verschwunden war oder anderswo emporstieg, mußte mit Toten bezahlt werden. Selbst flüchtiger, mit der Schaukel der Gezeiten ans Meer verlorengehender und wiedergewonnener Landbesitz war kostbar. Schließlich – aber war das im südlichen Binnenland denn anders? – kämpften die Herren über einen lächerlich schmalen Küstenstrich oder eine Grafschaft von Spielzeuggröße nicht bloß um mehr oder weniger Territorium, sondern um ihre Existenz. Wer in einem Krieg von Zwergen unterlag, verlor als Besiegter ja nicht an Größe, sondern schrumpfte unter den Schlägen seines Feindes ins Nichts, aus dem es zumeist keine Rückkehr gab. Wo sollte ein in die Unsichtbarkeit, Winzigkeit verjagter Zwerg denn Kräfte für seine Rückkehr in ein nennenswertes Dasein sammeln?

Fünfzig Steinstufen waren es von der Mole hinauf zu meinem Turmzimmer: Die Fenster starrten in Form von Bullaugen in alle Himmelsrichtungen, und in jedem Auge – ausgenommen diesem einen, nach Norden gerichteten, in dem die ferne Stahlspinne des Bahnhofs mit ihren nach dem Horizont und der schwarzen Küstenlinie ausgestreckten Greifarmen unter einer eisengrauen Wolkenbank hockte –, war nur Wasser zu sehen. Aufgewühltes, Gischtkronen tragendes Salzwasser, das sich im böigen Wind zu chaotischen Reliefs aufwarf.

Wie eine Schiffbrüchige, hatte ich zu Mira gesagt, während wir von der von Wellenbrechern aus Stahlbetonwürfeln geschützten Mole zum sturmsicheren Portal des Turmes hochgestiegen waren, du lebst wie eine Schiffbrüchige auf einem Felsen im Meer.

Wenn du das Watt bei Ebbe zügig durchquerst, erreichst du die Küste in Stiefeln, sagte sie. Schiffbruch?

146

Du wurdest an die Mündungsdeltas der großen Ströme geschwemmt, ich bin dem Lauf des Weißen Flusses gefolgt. Selbst der Große Fall stürzt auf den Ozean zu. Irgendwann erreicht jeder das offene Meer.

Mira. Wie lange hatten wir uns nicht mehr gesehen? Ich hatte längst aufgehört, die Monate zu zählen. Dabei hatte es Zeiten gegeben, in denen ich sogar die Zahl der Tage, ja der Stunden wußte, die seit unserem letzten Abschied verstrichen waren. Wie gerne hätte ich sie in die Arme genommen, als sie mir mein Quartier zeigte, das noch nach dem Tabak und Schnaps der Bootsleute roch, die den Leuchtturm in jenen Zeiten mit Vorräten versorgt hatten, in denen er noch eine von Stechginster, Strandhafer und Heidekraut überwucherte Halbinsel überragte und nicht und zu allen Gezeiten bloß die graue Flut. Aber so kurz nachdem Mira am Bahnsteig meine Umarmung zurückgewiesen hatte, wollte ich nicht noch einmal die Beschämung ertragen, daß sie sich mir entzog.

Seit sie aus dem glatten Wasser des Weißen Flusses in einer Wolke aus Sprühwasser hochgeschnellt und auf mich zugekommen war und mich in ihre Arme geschlossen hatte, war jede unserer Begegnungen wie eine Wiederholung dieses ersten, überwältigenden Ereignisses gewesen. Wann immer und wo immer wir später aufeinander zukamen – stets war *sie* es gewesen, die mir einen Schritt voraus war und mich führte. Selbst wenn ich von diesen Augenblicken träumte, zerfloß die Linie zwischen Wirklichkeit und bloßem Wunschbild noch Stunden nach dem Erwachen.

Ich habe in meinem Leben möglicherweise noch keine schmerzhaftere Enttäuschung empfunden als in jenem Moment, in dem sie unter der Stahlkonstruktion des Bahnhofshimmels meinem Versuch ausgewichen war, sie zu umarmen. Ein Pharao, der zurückgestoßen wurde! Es war, als ob selbst mein Herzschlag sich plötzlich verlangsamt hätte und mein Blut nicht, wie sonst in den Augenblicken unseres Wiedersehens, durch meine Adern wirbelte, pulsierte, sondern zäh und heiß und vom Stillstand bedroht dahinkroch.

Was ist?, hatte Mira gesagt und mich nur besorgt angeblickt, so als ob soeben nichts von Bedeutung geschehen wäre. Was ist mit dir? Du bist weiß wie unser Fluß.

Ich kehre selbst in meinen Tagträumen und widersprüchlichen Erinnerungen noch jetzt wieder und wieder zu diesem Augenblick zurück und frage mich, was wohl geschehen wäre, wenn ich damals entschieden versucht hätte, an unsere frühere liebevolle Vertrautheit Anschluß zu finden und eingestanden hätte, wie unerträglich die Kluft zwischen meinen Sehnsüchten und den Tatsachen unter diesem Stahlhimmel war. Hätte das Drama unseres Wiedersehens nach so langer Zeit bis zu ihrem – und unserem – Verhängnis einen anderen Verlauf genommen? Wäre ungeschehen geblieben, was am Ende geschehen war?

Aber ich sagte damals kein Wort und tat nichts, um Mira meine wahren Empfindungen zu zeigen, meine Gier nach ihrer Haut, ihrem zerbrechlichen Körper, meinen Haß auf den Mann, der ihr Leben zu bestimmen schien. Ich sagte nur: Wie kalt es an deiner Küste ist. Mir ist kalt.

Hier gibt es keine Küste, sagte mein Mädchen aus Glas, hier gibt es nur das Meer.

In den ersten meiner insgesamt neun Tage im Leuchtturm hoffte ich jede Nacht, daß Mira, die zwei Etagen über mir in der *Kanzel* unter dem Leuchtfeuer schlief, unerreichbar wie in der Krone eines Urwaldriesen, irgendwann tiefnachts in mein Zimmer huschen würde. So war es im Haus unserer Eltern am Weißen Fluß gewesen, und der Große Fall hatte dann jedes unserer Atemgeräusche, jeden Laut unserer Lust verschluckt. Hier wäre es der Ozean selbst gewesen, der jeden Ton als eine in das donnernde Weltgeräusch eingebettete Schwingung allein für uns hörbar machte. Aber Mira stieg in diesen Nächten kein einziges Mal aus ihrer Höhe in mein Fellquartier hinab, und wenn wir uns zum Frühstück in einem kreisrunden, mit Wellenmosaiken geschmückten Salon trafen, verlor ich kein Wort darüber. Auch sie sagte kein Wort.

Wir waren tatsächlich Kinder des Fallmeisters. Zwar nicht gefangen in einer vermeintlich strahlenden, übermächtigen Vergangenheit wie er, aber doch gebannt vom Zauber der Erinnerungen an unsere Tage als Pharao und Pharaonin, erregte Kinder zwischen bemoosten Felstürmen, auf den Sandbänken und an den Katarakten des Weißes Flusses, unseres Nil – von Feuerlilien umloderten Spielplätzen, an denen wir damals überzeugt waren, daß hier Moses, ein weinender Säugling, in einem Schilfkorb angeschwemmt und von einer Magd der Pharaonin gerettet worden war.

Möglicherweise war ja nur ich allein diesem Zauber erlegen und Miras Bereitschaft, mich in die Strom- und Flußlandschaften der Erinnerung zu begleiten, der einzige und letzte Liebesdienst, den sie mir erweisen konnte. Manchmal half sie meinem Gedächtnis sogar mit vergessenen Einzelheiten nach und war dann bereit, die atlantische Brandung gemeinsam mit mir als das Rauschen des Großen Falls zu hören. Gischtflocken, die den Turm umwirbelten, wurden zum Schnee über dem Erdbeerfeld der Katzenfrau in Bandon. Dort hatte es tatsächlich an einem Tag im Mai – während die Katzenfrau ihre Arien sang und ihr Publikum vor einem aufziehenden Unwetter so viel wie möglich pflücken wollte – so heftig geschneit, daß die reifen Früchte wie Blutklumpen im nassen Weiß des Frühjahrsschnees leuchteten. Die Katzenfrau hatte weiter und weiter gesungen und ihr Fenster selbst vor den Schneewirbeln nicht geschlossen, während sich ihr Publikum, darunter auch Mira und ich, Hände und Mund voll kalter Erdbeeren, im Schneetreiben verlief.

Mira. Hatte sie ihr Glück tatsächlich ohne mich gefunden, ohne ihren Pharao, und war dem blauen Haarschopf eines Wasserkriegers nicht aus Berechnung oder dem unbedingten Willen, ihren Rang in der Wasserwelt an seiner Seite zu erhöhen, sondern aus Liebe an die Nordsee gefolgt? Wären meine Tage in diesem verfluchten Leuchtturm also in jedem Fall *letzte* Tage gewesen, so unwiderruflich wie die Flugbahn eines in die endlos stürzenden Kaskaden des Großen Falls geschleuderten Kiesels?

Auf unseren stundenlangen Ausfahrten im Schnellboot ihres Blauschopfs, das Mira nicht weniger geschickt manövrierte als unser Vater seine Motorzille am Weißen Fluß, landeten wir an von Seehunden und Kegelrobben dicht besiedelten Sandbänken, angelten unterwegs Fische und garten den Fang zwischen den von der Flut bis auf die Grundmauern abgetragenen Höfen von Halligen, die als vorgeschobene Außenposten einer Gesellschaft auf dem Rückzug vor dem Ozean schon vor Jahren aufgegeben worden waren.

Als Miras Passagier in einer Wasserwelt, auf die sie so stolz zu sein schien, daß sie mir jede Besonderheit des Küstenstrichs trotz der Gefahr, in Kampfzonen zu geraten, in immer ausgedehnteren Exkursionen vorführen wollte, mußte ich mir am Ende eingestehen, daß es vor allem ich war, ich allein, der gegen das Getöse der Wellen, des Motorgeräusches und gegen den Wind Erinnerungen schrie und die Pharaonin mit diesem Geschrei wie eine Mumie in ihrem Sarkophag wieder zum Leben zu erwecken versuchte. Die nackte Schöne aus dem klaren Wasser Mesopotamiens sollte auferstehen und mir auf den Spuren meines Glücks folgen.

Mira hörte mir zu, manchmal lächelnd, schwieg aber zu den meisten meiner Anrufungen der Vergangenheit.

Bist du …, schrieb ich ihr mit dem Bootshaken in den Sand einer Seehundbank, auf die uns das Klagegeheul eines verlassenen Robbenjunges geführt hatte, … bist du von einer Pharaonin zur Sphinx geworden?

Mira sank auf die Knie in den mehligen Sand und schrieb als Antwort mit dem Zeigefinger zwischen die angeschwemmten Reste einer Seespinne: Ich war nie am Nil.

Nur eine Armlänge neben unseren Sandgravuren, aber doch so weit voneinander entfernt in der Spätnachmittagssonne sitzend, sahen wir, wie das Robbenjunge mit seiner plötzlich auftauchenden Mutter, die unentschieden schien, ob sie Mira und mich als Gefahr für ihr Junges angreifen oder das Junge säugen sollte, ins Wasser zurückglitt. Minuten später erreichte die auflaufende Tide unsere Schriften und löschte sie. Es wurde windig und kalt. Selbst das doppelt motorisierte Boot hatte auf der mehr als einstündigen Rückfahrt zum Leuchtturm mit dem Wellengang zu kämpfen.

In den folgenden Tagen waren es vor allem die Sände, langgezogene Seehundbänke oder mit Trümmern und Müll, den Resten von Strandungen und Schiffskatastrophen übersäte Schwemmbarrieren, die als Ziele oder bloße Orientierungsinseln alle Routen unserer Ausfahrten bestimmten.

So wie Mira mir im Kajak am Weißen Fluß die unsichtbaren fahrbaren Linien gezeigt hatte, die zwischen Untiefen, verborgenen Felsstufen und Wirbeln verliefen, so war es hier das wirre, durch zahllose Priele strömende Fahrwasser, das sich mit dem Tidenstand veränderte und zwischen Sänden und Bänken dahinwand wie ein ans Licht drängendes, glasiges, schlangengleiches Wesen der Tiefsee.

Mira folgte jeder Windung dieses Wesens, oft mit einem Lachen, und brachte uns an die Strände so vieler Bänke und Inseln, deren Namen und Geschichten ich ihr während der rauschenden Schrägfahrt gegen die Steilhänge der Wellenkämme oft mehr von den Lippen las, als daß ich sie tatsächlich hörte.

Es war auf einer dieser Ausfahrten, auf der mir zum ersten Mal bewußt wurde, daß die vielfältigen Geräusche des Wassers, das Donnern des Großen Falls, das Rauschen der Brandung oder eines bloßen Sturzregens, meinen Kopf oftmals so sehr erfüllte, daß alles, was nicht zum Wasser gehörte, nicht zu einem Strom, Fluß, zum Meer oder bloß zu einem aufgewühlten Binnensee, an Deutlichkeit verlor und manchmal unhörbar wurde.

Ich hatte schon im Tosen des Großen Falls, beim Öffnen einer Schleuse oder der Wassertore eines Staudamms an den großen Strömen gelernt, mich in Zeichensprachen zu verständigen und Kommandos durch Lippenlesen zu verstehen. Aber erst in diesen Tagen begann ich zu begreifen, daß ich das Rauschen des Wassers in mir trug und ich selbst in großer Entfernung von fließendem oder stehendem Gewässer und bei völliger Windstille manchmal nicht mehr verstehen konnte, was mir gesagt oder zugerufen wurde.

Während Mira das Boot des Deichgrafenamtes weit draußen über Untiefen und Wechselströmungen lenkte, als sei eine Karte dieses vielgliedrigen Küstenstriches unfehlbar in ihr Gedächtnis eingeschrieben, wurde auch ihre Stimme leiser und leiser und verklang. Dazu stiegen unabweisbare Erinnerungen aus den entlegensten Teilen meiner Wasserwelt hoch – an den Weißen Fluß, an den Schneefall in Bandon, an die Arien einer ertrunkenen Lehrerin und die aus dem Blau des Sommerhimmels herabtaumelnden Hälften entzweigeschnittener Wespen und Hornissen.

Ich bemerkte kaum, daß ich auf das Leiserwerden, ja das Ersterben von Miras Stimme nicht mit erhöhter Aufmerksamkeit und Konzentration reagierte, sondern sie anstarrte wie einer, der unwillkürlich nach einem Regler, einem Schalter, irgendeiner mechanischen Hilfe sucht, mit der sich das Verklingende, Verstummende wieder in einen hörbaren Bereich zurückholen ließe. Aber eine solche Hilfe, solche Schalter konnte es nicht geben. Nicht an der Atlantikküste und an keinem Fluß und Strom der Welt.

Als ich nach einem Zuruf Miras, mit dem sie mir

eine als *Bernsteinbank* auf den Seekarten verzeichnete Robbeninsel als unser nächstes Ziel ankündigte, dreimal nachfragte, bis ich den Namen endlich verstand, wurde mir an ihrem Zuruf *Bist du taub?* klar, daß ich keinen Versuch mehr unternommen hatte, sie akustisch zu verstehen, sondern ihr von den Lippen zu lesen versucht hatte wie damals im Donnern des Großen Falls.

Erst lange nach meiner Flucht aus dem Leuchtturm sollte ich erkennen, daß das Tosen der Flut in meinem Kopf und in meinem Herzen mich nur taub machte, solange ich mich entweder tatsächlich oder in meinen Gedanken und Tagträumen an Ufern, Küsten oder im bloßen Rauschen des Regens aufhielt. Auf festem, trockenem Boden im Inneren eines Landes oder in den Wüsten, zu denen so viel, einst von wogenden Feldern bedecktes Land geworden war, ließen die Gesänge, das Rauschen und Wispern des Wassers nach, zumindest solange mich keine Erinnerung an ein Ufer oder einen Strand überfiel. Stimmen, selbst Vogelgesang und das Zirpen und Sirren von Insekten lösten sich dann aus dem Wassergeräusch wie Funken aus einer Flamme – verflogen. Und dann wurde es still.

Ich erkannte zu spät, daß Mira an diesem umkämpften Küstenstrich im Norden eines zur gleicher Zeit versinkenden *und* ausdörrenden Kontinents, weniger ihre Liebe, sondern vor allem die größtmögliche Entfernung zum Großen Fall, zum Leben unserer Eltern, vor allem dem der Vergangenheit verfallenen Vater und vielleicht auch zu ihrem Bruder, der sie noch bei Tag in ein Traumbild verwandelte, gefunden hatte. Sie wollte um keinen Preis dorthin zurück, niemals. Aber *dort,* das war auch ich. Ich kam von *dort,* schleppte Bilder aus den Auen des Weißen Flusses wie Kulissen hinter mir her und würde wohl nicht weniger ein Gefangener in der Bandoner Schlucht bleiben wie unser Vater einer gewesen war. Oder immer noch war?

Er lebte?

Nein, Mira war überzeugt, daß unser Vater für immer im Großen Fall verschwunden war und keineswegs ein Schauspiel des Verschwindens mit einem Fliegenfischer als Zeugen inszeniert hatte. Auch als ich ihr von der Lehmhand, meinem Fundstück im Schwemmland Mesopotamiens, erzählte, sah sie darin keinen Beweis für einen vorgetäuschten Wassertod, sondern bloß für meine Hartnäckigkeit, nach einem Schuldigen für die Verfinsterung unserer Erinnerungen an unser Leben am Fall zu suchen.

Mira schien die Welt, an die ich mich nicht bloß erinnerte, sondern die mich bis zu meinen Baulosen in Amazonien und Indochina verfolgt hatte, auf ihrem Weg an die Nordsee abgestreift zu haben wie Schlangen ihre Haut abstreifen, ohne sie zu zerreißen: die schönsten Ornamente auf seidigen Schuppenkleidern, selbst die fein geschnittenen Öffnungen für Maul und Augen, alles unversehrt. Aber leer.

In der Begeisterung, mit der sie mir die Schauplätze

ihres neuen Lebens an der Küste vorführte, ohne dabei jemals über den Mann zu sprechen, der sie meinem Empfinden nach dorthin entführt hatte, zeigte sich, was hinter ihr, was hinter uns lag als unwiderruflich vergangen. Vergangen auch unsere Stunden als Pharao und Pharaonin – für mich immer noch berauschend aus unseren Jahren am Großen Fall aufragend wie das Bandoner Monument. Für Mira aber offensichtlich nur noch eine Episode, an der sich zweifeln ließ, ob sie denn je tatsächlich stattgefunden hatte oder bloße Wunschvorstellung gewesen war, ein Tagtraum. Von meinen Einsprüchen ließ sie keinen einzigen gelten oder überging ihn mit Schweigen und wollte dann auch von mir, daß ich schwieg.

Allein in den Gesprächen über unsere Mutter Jana folgten wir einer gemeinsamen Spur in die Vergangenheit. Mira rief Post von Jana auf den Bildschirm im Leuchtturm, in der sich Janas neuer Gefährte, der vermeintliche Wasserkrieger am Jordan, als Landvermesser erwies, der mit seinen Quellgebietskarten zwar Friedensverhandlungen zwischen jüdischen Siedlern und palästinensischen Ölbauern im Auftrag wechselnder Militärkommandos begünstigen sollte, dabei aber niemals Krieger gewesen war.

Jana wartete in ihrem heimatlichen Steindorf an der Steilküste der seit Jahren wasserlosen Mittelmeerinsel Cres auf seine Rückkehr von Vermessungsexpeditionen in verminten Gebieten. Aber ganz anders der Vater, den wir kannten, so stand es in ihren Nachrichten an Mira, kam dieser Mann stets mit einem Lächeln und offenen Armen zu ihr zurück.

Unsere Mutter hatte Mira von ihrem neuen alten Leben auf Cres und von ihrer Liebe in fragmentarischen Nachrichten seltsamerweise in einer Sprache erzählt, unserer Sprache, die Jana im Fallmeisterhaus fließend gesprochen hatte, deren schriftlicher Ausdruck sich in diesen Briefen aber wie der einer Fremden las, die sich, von weit her gekommen, das Vokabular ihrer Zuflucht nur vorübergehend angeeignet hatte. Sie war im Dorf ihrer Kindheit, das an der Felsenküste Hunderte Meter über dem Strand wie ein Nest aus Steinen klebte, wieder in das vertraute Idiom ihrer Kindheit zurückgekehrt, zurück in lange nicht gepflegte Bräuche, Worte, Überzeugungen, und hatte wohl auch begonnen, nicht nur das Vokabular aus dem Fallmeisterhaus, sondern auch ihre Zeit am Weißen Fluß zu vergessen.

Aber was immer Jana an meine Schwester geschrieben hatte – es war mehr, viel mehr gewesen als die dürren Nachrichten enthielten, die mich von ihr seit unserem Abschied erreicht hatten. Im Vergleich unserer elektronischen Korrespondenzen erschien mir meine Mutter plötzlich nicht weniger fern und nicht weniger verschollen als mein Vater.

Bist du neidisch?, frage Mira. Eifersüchtig?

Ich bin überrascht, sagte ich.

Die Steine, die ich dem Bus nachgeschleudert hatte, der unsere Mutter für immer vom Großen Fall, aus

Bandon und unserem Leben fortgerissen hatte, waren wohl nicht bloß vom schwarzen Glas der Busfenster abgeprallt, sondern von einem Trugbild.

Es war der vierte, nein der fünfte Tag nach meiner Ankunft an der Nordseeküste, an dem Mira mir das *Bernsteinzimmer* zeigte. Dieses dritte und vorletzte von den fünf Geschoßen des Leuchtturms, das mein Albatroszimmer vom Wohnraum Miras und des Deichgrafen trennte, hatte zwar vier, nach allen Windrichtungen auf die See starrende Bullaugen wie meine Unterkunft und alle anderen Etagen auch, war aber vollkommen leer. Der Ring dieser kreisrunden Wand bestand ausschließlich aus Bernstein — fingernagel-, kiesel- oder faustgroßen Fundstücken aus dem Schlick und Sand oder in Grundschleppnetzen als goldener Beifang an die Oberfläche gezogen, von der Flut zu trüben oder kostbar schimmernden, glasklaren Kleinodien geschliffen. Alle wie in einem chaotischen Puzzle um diesen kreisrunden, leeren Raum zusammengefügt, der so wie eine Schatzkammer erschien, die nichts bewahrte als die vom Widerschein des Ozeans erhellte, vollkommene Leere.

Die Fundstücke waren von Generationen von Leuchtturmwärtern und ihren Gehilfen zusammengetragen worden, und wie diese Vorgänger hatte sich auch Mira auf jeder unserer Ausfahrten und Anlandungen auf überspülten Stränden immer wieder gebückt, um weitere dieser vor Millionen Jahren geronnenen Harztränen aufzulesen oder taubes Strandgut in den Sand und ins Wasser zurückzuwerfen.

Die dramatisch geänderten Strömungsverhältnisse und die Überflutung versunkener Küstenlandschaften, sagte Mira, hatte einen Goldregen aus der Ostsee an die Nordsee geschwemmt. Was Bernsteinsammler früher in einem ganzen Jahr im Schlick fanden, konnten sie nun in einem Monat oder noch kürzerer Zeit auflesen. Vielleicht, sagte Mira, sei die Flut ja die einzige und wirksamste Reaktion der Meeresnatur, die nun nur noch Inseln aus dem Wasser ragen ließ, wo früher U-Bahnen, Wohntürme und Flughäfen die maritime Wildnis versiegelt hätten, und sei also der goldene Bernsteinregen so etwas wie ein Ausdruck der Erleichterung oder Freude.

Wann immer Mira sich nach einer Bernsteinknolle bückte, dachte ich an die versteinerten Austern, Asseln und urzeitlichen Würmer, die wir auf den Sandbänken am Weißen Fluß manchmal gefunden und an die Erdbeersammler in Bandon gegen digitale Spielprogramme eingetauscht hatten. Miras Bernstein erschien mir dann wie eine Verwandlung, ja Vergoldung unserer Steine. Und das machte mich wütend.

Zahllose der im Leuchtturm zusammengefügten Bernsteinfragmente bargen organische Einschlüsse — vierzig, fünfzig und hundert Millionen Jahre alte Bienen, Spinnen oder Florfliegen, die in einer beiläufigen und dennoch allerletzten Bewegung ihres Lebens von tropfendem oder fließendem Baumharz überrascht und darin für eine Art Ewigkeit so unversehrt eingeschlossen worden waren, daß selbst eine hundert Millionen Jahre alte Libelle aussah, als würde sie noch im Augenblick der Betrachtung aufschwirren und sich auf eine ebenso uralte Beute stürzen.

Diese goldene, seit Äonen erstarrte kreisrunde Wolke, die Mira jedesmal durchquerte, wenn sie zu ihrem Wohn- und Schlafraum hochstieg, ließ diesen Aufstieg zumindest für mich als einen Weg in den Himmel erscheinen, der mir versperrt war. Ihr Bett, verflucht, in dem sie mit ihrem Geliebten nach seiner Heimkehr von den Fronten irgendeines Wasserkriegs gewiß endlose Nächte teilte, ruhte auf einer goldenen Wolke!

Mira hatte mich in den Tagen als ihren unverdächtigen Bruder und Gast niemals in diese Höhe gebeten. Ich hatte vergeblich und mit quälender Hoffnung darauf gewartet. Wenn ein Pharao und seine Pharaonin selbst Jahrtausende nach ihrem Tod in von kostbaren Schriftbändern durchzogenen Kavernen am Nil und in Pyramiden ruhten und so einander für immer nahe blieben, warum sollte dann ein durch Blut verbundenes Paar nicht zumindest die Gegenwart teilen, bis der Tod – und nur der Tod – die beiden voneinander schied?

Es war der Vorabend meines Abreisetages, der wie in Stein geschlagen in meine Reisepermits und Seuchenpapiere eingetragen war, an dem ich meiner Pharaonin durch die Bernsteinwolke in die Himmelshöhe folgen wollte, ohne ein Wort und ohne um Erlaubnis zu bitten.

Ich weiß nicht, ob sie tatsächlich wahrnahm, daß ich nur fünf oder sechs der steinernen Treppenstufen, auf denen Schritte kein Geräusch machten, hinter ihr hochstieg, wurde mit jedem Schritt aber sicherer, daß sie meine Gegenwart nicht nur spürte, während sie mit der vertrauten Grazie und Behendigkeit eines Wesens aus Glas mehr hochhuschte als stieg, sondern mich irgendwo oben, hoch oben, in einer Sphäre der Seligkeit, erwarten würde. Ich war wie in jenem überwältigenden Fieber, als sie aus dem Weißen Fluß aufgetaucht und aus einer Sprühwasserwolke auf mich zugekommen war.

Aber als wir die Ebene des Bernsteinzimmers erreichten und, woraus immer der Himmel bestehen mochte, noch unerreichbar hoch über uns lag und sie sich überrascht, erschrocken nach mir umdrehte, war alles, was sie sagte: *Du weißt, wo dein Bett steht. Gute Nacht.*

Es war einer dieser langen nördlichen Sommerabende, an dem die Sonne schon unter den Wasserhorizont gesunken war, aber die Dünung noch so viel Licht in den Himmel zurückwarf, daß das Bernsteinzimmer mit seinen millionenjährigen Fossilien wie die Grabkammer einer Pyramide schimmerte. Die tropischen Schlafplätze am Mekong und Amazonas, an denen ich von Mira geträumt, immer nur geträumt hatte, lagen zu dieser Stunde wohl schon in tiefer Finsternis. Aber die Stahlspinne, die mich am nächsten Morgen zu ihrer Beute machen würde, streckte bereits ihre Greifarme nach mir aus.

Noch bevor Mira sich umdrehen, sich von mir abwenden konnte, um ihren Aufstieg in eine mir unbekannte Höhe fortzusetzen, hatte ich sie erreicht und in meine Arme geschlossen. Ihr erster, wortloser Befreiungsversuch ließ die Klammer meiner Arme wie die eines automatischen Mechanismus, einer Falle, ganz ohne mein Zutun noch enger werden. Jetzt erst hörte ich tief aus dem Tosen des Wassers in meinem Kopf ihre Stimme. Sie schrie. *Laß das! Nein. Hau ab!*

Aber vom Weißwasser betäubt, wollte ich die Empörte, mußte ich die Empörte nicht bloß besänftigen, sondern sie bekehren, mußte ihr zeigen, daß wir uns, wenn auch aus verschiedenen Herzen, doch beide nach dem sehnten, was geschah. Zog sie, drückte sie fester und fester an mich, roch den Duft ihrer Wangen, ihres Haars und spürte die Temperatur ihrer Haut. Waren wir nicht seit unseren Jahren im Fallmeisterhaus so untrennbar vereint wie in der mit Gold übergossenen Kammer unserer Pyramide, deren Zugänge von fugenlos aufeinandergesetzten Granitblöcken verschlossen worden waren?

Laß los! Hau ab!

Ihr Versuch, sich meiner Umklammerung zu entwinden, war wohl nicht weniger krampfhaft, ja besessen, als mein Versuch, sie zu halten.

Laß los, du Schwein!

Sie stemmte sich mit beiden Händen gegen meine Brust, legte ihren Kopf weit in den Nacken, bog ihren Körper aus der Falle meiner Umarmung weit, weit zurück.

Als sie nach einer Zeitspanne, an deren Dauer ich mich nicht mehr erinnern kann und die mir doch wie versteinert im Gedächtnis geblieben ist, in dieser Verknotung gegensätzlicher Kräfte plötzlich nachgab, als hätte sie ein tödlicher Schlag getroffen, und nun tatsächlich mit weit von mir weggebogenem Oberkörper in meinen Armen lag, war ich für einen Augenblick überzeugt, nun, endlich, nach so vielen Wochen, Monaten der Sehnsucht, der Gier und Geilheit mit meiner Pharaonin vereint zu sein.

Aber dann wurde sie mit jedem meiner Pulsschläge schwerer. Und nun war ich es, der nachgab und sie auf den nackten, vom Bernsteinlicht überfluteten Boden sinken ließ. Wie unfaßbar still es war. Kein Atemzug von ihr war zu hören, kein Hauch, und dann auch keine Bewegung und kein Herzschlag zu spüren. Ihr Gesicht war durch einen Ausdruck des Schmerzes, nein, nicht entstellt, aber doch so fremd geworden, daß ich ihren Namen flüsterte, schrie und wieder flüsterte, um die vertrauten Züge auf das Antlitz dieser Fremden zurückzurufen. Ihre Augen blieben geschlossen, ihr Mund leicht geöffnet, wie zu einem Wort, das ich noch nie gehört hatte.

Was mir damals und bei allem Entsetzen als bloße Ohnmacht Miras erschien oder, tröstlicher: als eine im Spiel vorgetäuschte Starre, um meine Zudringlichkeit abzuwehren und zu beenden, begann sich, nicht anders als die Dunkelheit bei Anbruch der Nacht, nur sehr langsam als das zu zeigen und das Bernsteinzimmer zu verfinstern, was es tatsächlich war: der Tod.

Aber es hätte wohl schon in diesen Augenblicken keiner besonderen Vertrautheit mit diesem zarten Körper, dessen Temperatur mit jedem meiner Herzschläge sank und sank, bedurft, um zu erkennen, daß einer der spröden Halswirbel meines Mädchens aus Glas in meiner Umarmung und im verzweifelten Versuch, meine Pharaonin in meinem Leben zu halten, gebrochen sein mußte.

Daß ich meine Schwester getötet hatte, war ein Gedanke so unerträglich, daß ich seither selbst in meinen Träumen auf der Suche nach Worten, immer neuen, unbekannten Worten bin, um dieses eine furchtbare aus meinem Bewußtsein zu verbannen: *töten*.

Ich habe meine Pharaonin, meine Liebste vom Großen Fall, anstatt sie zu behüten und auf meinen Händen vom Meer zurückzutragen an den Weißen Fluß, für den Rest aller Zeit aus dem Leben verstoßen. Und ich werde für diesen Rest von ihr verlassen sein, länger, unendlich länger als die Dauer der Gefangenschaft einer Florfliege im Bernstein.

9

Den Atlantik im Rücken

An diesem Tag stieg die Dunkelheit so rasch, wie sie sich sonst nur in den Tropen über Regenwälder und Rodungswüsten erhebt, aus dem Atlantik und schloß sich im Zenit zur Finsternis. Kein Stern war zu sehen, keiner der glimmenden Planeten, keine einzige Lichtjahrmillionen entfernte, in der endlosen Schwärze zum gleißenden Punkt geschrumpfte Riesensonne, kein Himmelslicht.

Niemand hätte mit Bestimmtheit sagen können, ob das Firmament von Nebel, Schleierwolken oder Wetterfronten bloß verhüllt – oder erloschen war. Und mit den Sternen war auch Miras Gesicht in der Dunkelheit erloschen.

Ich hatte alles, was mir in meinem Entsetzen in den Sinn kam, versucht, sie ins Leben zurückzuholen, sie zurückzuholen zu mir. Hatte in sinnloser Behutsamkeit ihr Herz in den alten Rhythmus zu zwingen versucht und mit beiden Händen ihr Brustbein gedrückt, wieder und wieder, war dabei aber von der Angst wie gelähmt, ein weiteres Stück Glas zu zerbrechen in ihr, gelähmt von der Ahnung, daß nichts mehr von der eingesetzten Kraft ihr Herz erreichen konnte. Hätte ich im panischen Bemühen, ihren Herzschlag mit aller Kraft wieder in Gang zu setzen, zwei oder mehr Rippen zerbrechen sollen in ihrem zierlichen, erkaltenden Körper?

Ich hatte meinen Mund auf den ihren gepreßt und meinen Atem in ihre Leblosigkeit gekeucht, bis mir zu Bewußtsein kam, daß ich sie nicht belebte, sondern küßte. Und dann gab ich in brennender Scham alle Versuche auf und kauerte reglos neben meiner wie in Bernstein gegossenen, reglosen Liebsten.

Wie lange? Ich weiß es nicht mehr. Der Turm, der in dieser Stunde aus dem Glaspavillon an seiner Spitze blendendes Licht nach allen Himmelsrichtungen in die Nacht hinauszuwerfen begann, umschloß auf allen Etagen seines Inneren nur Finsternis.

Irgendwann begann ich wie einer jener Roboter, die an Stauwerken oder instabilen Dämmen lebensbedrohende Arbeiten unter Wasser oder in schwindelnden Höhen ausführen, Mira an die unterste Stufe des Aufstiegs in ihre Wohnung zu betten. Ich hob sie hoch, ein Gespinst aus kristallfeinem Glas, trug sie. Ihren Körper auch nur über die Länge eines Schrittes zu ziehen, einfach zu schleifen, wäre gewesen, wie ihr noch einmal Gewalt anzutun.

Den in Dunkelheit gehüllten Leichnam legte ich so, wie nur der Körper einer unglücklich Gestürzten liegen konnte, und lehnte ihren Kopf an das steinerne Kissen der ersten Stufe. Ja, genauso lag wohl ein Mensch, mußte ein Mensch liegen, der, mit der Glasknochenkrankheit geschlagen, auf dem Weg empor zu seinem Bett gestolpert und gestürzt war und im Fallen vergeblich nach dem Handlauf eines stählernen Treppengeländers gegriffen hatte.

Als ich ihren Kopf auf dem Steinkissen in eine Pose bettete, die dem Bild eines solchen Unglücks entsprach, fühlte ich eine Tränenspur an ihren Wangen. Oder waren, was ich spürte, meine eigenen Tränen?

Mira, sagte ich, Mira.

Und dann kroch ich in die Tiefe. Aus dem erloschenen Gold des Bernsteins hinab in die Finsternis, die Spirale einer der Rundung des Turms folgenden Treppe hinab, ein weinendes, heulendes Tier, vorbei an der Tür zu meinem Albatroszimmer, auf allen Vieren hinab bis an das mit Kontrollampen besprengte Schaltpult im Erdgeschoß. Dort glomm purpurrot und als größtes Licht einer vielfarbigen Signalreihe der faustgroße Knopf, den Mira mir als den nicht zu verfehlenden, mit allen Hilfssystemen verbundenen Schalter gezeigt hatte, der in höchster Not zu betätigen war.

Als hätte ich mit diesem roten Glasknopf die Brandung, die ich bis dahin nicht gehört hatte, nach einer langen Zeit des Stillstands wieder in Bewegung gesetzt, war, nachdem ich mit der Faust auf ihn eingeschlagen hatte, plötzlich das Donnern des Meeres wieder zu hören, laut, betäubend laut. Und in den Bullaugen des Kontrollraumes flackerte jetzt der Widerschein einer chaotischen Folge von Lichtern. Blitze. Aus den Tiefen unter dem Wasserhorizont schlugen Blitze.

Nein, sagte der Helikopterpilot, der wenige Minuten nach meinem Alarmsignal mit einer Besatzung von vier Marinesoldaten in blau gefleckten Kampfanzügen auf der Plattform des Leuchtturms gelandet war. Nein, keine Brandung, kein Gewitter. Was ich gehört hatte, war das Donnern von Geschützen gewesen. Leichte Artillerie und Raketenwerfer. Die Front des Elbwasserkriegs rückte näher.

Was habe ich getan, Liebste. Was haben sie dir angetan, Mira, Schwesterchen, meine Pharaonin. Kostümierte Kämpfer legen dich auf eine Bahre und lassen deinen Leichnam in einem Bergesack an einem Rettungshelikopter pendeln, weil in den Fahrzeugen und Flugzeugen und Booten von Wasserkriegern nur Lebende Platz finden dürfen. Nur Lebende. Tote tragen den schwarzen Keim. Tote erinnern an das Ende von allem und sollen sich weder in der Luft noch zu Land oder zu Wasser einen Raum mit Lebenden teilen. Tote sind Ballast, Pendel am Seil. Mein Mädchen. Ich habe dich getötet.

Nach einem so selbstverständlich wie bei einer Rettungsübung ausgeführten Bergemanöver schlug sich der Helikopter brüllend durch die Nacht an ein auch für Springfluten nicht erreichbares, trockenes Festland, wo eine Söldnerarmee Kühlhäuser für die Toten der Kämpfe an den Elbufern beschlagnahmt hatte. Ich blieb zurück.

Zuvor war ich von zwei der Marinesoldaten im ultravioletten Licht (vermutlich neuester Verhörlampen) lange befragt worden, hatte die Papillarleisten meines Zeigefingers als Beschwörung der Wahrheit meiner Aussage und als eidesstattliche Unterschrift auf drei Bildschirme gedrückt. In Buchstaben groß wie in einem Kinderbuch erschien auf diesen Schirmen der Hergang eines tragischen Unglücks, dazu Fotos und eine maßstabgetreue Skizze der Wendeltreppe mitsamt dem vergeblich gesuchten eisernen Handlauf.

Ich hatte bezeugt, der entsetzte Bruder zu sein, der im Erdgeschoß des Turms das Poltern und Schlagen eines Sturzes gehört, dann seine Schwester am Fuß dieser Treppe gefunden und noch vor Auslösen des Alarms alles, alles unternommen hatte, um ihr ins Leben zurückzuhelfen. Aber der Bruch eines gläsernen Wirbels so dicht am Nacken hätte wohl eines Wunderheilers bedurft. Die hilflosen Rettungsversuche eines weinenden Bruders hatten auch in den Augen eines Helikopterpiloten ein Schicksal nicht zu ändern vermocht.

Meine Identität war bereits im Anflug auf den Turm des Deichgrafen überprüft und offensichtlich als frei von Verdachtsmomenten bewertet worden. In Übereinstimmung mit den Dateien, die mich als systemrelevanten Hydrotechniker auswiesen, war ich der in allen Kontrollmeldungen aus dem Deichgrafenamt genannte und von der Behörde genehmigte Besucher der Toten. Meine Permits und Pässe waren ohne Makel.

Und aktenkundig waren auch zwei Sanatoriumsaufenthalte der zu Tode gekommenen Gefährtin des Deichgrafen. Sie hatte nach mehrfachen, durch ihre Glasknochenkrankheit bedingten Schulter- und Bekkenfrakturen immer wieder Wochen zur Rehabilitation auf der vermögenden Patienten vorbehaltenen Sanatoriumsinsel Hooge verbracht. (Hooge, hatte mir Mira erzählt, sei als einzige von allen Halligen durch ein umkämpftes Landgewinnungsprogramm vor dem Untergang bewahrt worden, weil einige der reichsten Patienten des Landes dort von Kriegs- und Unfallverletzungen genesen waren.)

Daß ein an der seltenen Krankheit meiner Schwester leidender Mensch bei einem Treppensturz zu Tode kommen konnte, hatten die beiden Militärpolizisten oder Ermittler nicht in Zweifel gezogen, aber ich sollte mich bis zur Ankunft des Deichgrafen, vermutlich am nächsten Morgen, am Unglücksort zur Verfügung halten.

Als alles gefragt, alles gesagt, gestammelt, beschworen und aufgezeichnet war, blieb ich allein in einem eben noch von Leben, Verlangen und Licht erfüllten Turm zurück und sah, wie der Rotor des Helikopters mit Miras Leichnam am Bergetau seine Kreise an den lichtlosen Himmel schrieb und in einem rasch leiser werdenden Brüllen verschwand. Als auch das Gebrüll verklang, setzte das Tosen in meinem Kopf wieder ein.

Daß ich meiner Pharaonin nirgendwohin mehr folgen konnte, nicht ins schimmernde Innere einer Pyramide, nicht in den Palast einer Nekropole am Nilufer, in keines unserer Traumgebilde – und erst recht an keinen Ort der Wirklichkeit –, war der letzte Gedanke, bevor ich in dieser Nacht einschlief, und der erste, wenn ich kurz darauf wieder hochschreckte und erschöpft in einen noch kürzeren Schlaf zurücksank.

Ich hatte mich vor der untersten Stufe der Treppe des Bernsteinzimmers zusammengerollt wie eine der Katzen im Fallmeisterhaus, hatte mich in die Wolljacke gehüllt, die Mira bei meiner Ankunft getragen hatte, und meinen Kopf dorthin gelegt, wohin ich auch ihren Kopf gebettet hatte. Ich sog ihren Duft aus der roten Wolle und wagte nicht, zum obersten Turmgeschoß hochzusteigen.

Von einem schrillen Signal aus einem der rasenden Träume dieser Nacht gestoßen, tastete ich mich durch die Finsternis in den Kontrollraum hinab, in dem es dann aber schon wieder still war, und trank dort den weißen Rum, den der Deichgraf neben anderen Flaschen auf einem aus Ruderblättern gezimmerten Bord aufbewahrte. Betrunken schlief ich abermals ein und erwachte, schlief ein und erwachte, bis ich die Qual, wieder und wieder aus Träumen oder der Bewußtlosigkeit in den Gedanken an Miras Tod gerissen zu werden, im ersten Morgengrauen beendete. Ich erhob mich unter stechenden Schmerzen in meinem Rükken und begann zu packen.

Der Skipper des Luftkissenbootes, das mich Stunden vor der geplanten Ankunft des Deichgrafen gemäß den Verbindungsgarantien auf meinen Permits zur Stahlspinne des Bahnhofs bringen sollte, hatte weder von dem Unglück am Leuchtturm noch von behördlichen Verfügungen etwas gehört. Er zeigte mir seinen Auftrag, sprach mich dabei mit dem Amtstitel an, der im gesamten Operationsgebiet des Syndikats galt, beantwortete meine Fragen nach seinen Auftraggebern aber mit der Einsilbigkeit eines eingeschüchterten Untergebenen, der lieber schweigt als das Falsche zu sagen.

Auch in der Spinne passierte ich ungehindert Lichtschranken, Magnetresonanzschirme und Scanner auf den für Hydrotechniker reservierten Rollbändern und bestieg den Express zurück nach Birkenau-Nord, ohne ein einziges Mal angehalten, durchsucht oder auch nur etwas gefragt worden zu sein.

In der mir und meinesgleichen vorbehaltenen Wageneinheit nahm ich den auf meinen Transitdateien eingetragenen Panoramaplatz ein, war damit ein in dem aufenthaltslos über ein Gewirr von Grenzen hinwegdonnernden Expreß nach Zentraleuropa registrierter Passagier. Aber ich verließ den Zug keine zehn Sekunden, bevor er plombiert wurde. Das Armband mit den Daten meiner Fahrt hatte ich zuvor in den Köcher der Fernbedienung meines mit Rehleder gepolsterten Deckchair gesteckt.

Denn auch wenn die planmäßige Fahrt des Nordatlantik-Expreß mich ohne Aufenthalt in die Grenzregion zu Bandon und an mein neues Operationsgebiet als Fallmeister bringen sollte – wenn während der fast dreißig Stunden dieser Fahrt der Deichgraf oder eine Ermittlungsbehörde nach mir fragen sollte, würde man mich mit einem einzigen Tastenschlag lokalisieren und den Zug selbst in irgendeinem Moor, einem Sumpf oder überfluteten, von Dämmen verbarrikadierten Marschland zum Stehen bringen. Ich und jeder, der in einem solchen Expreß in ein Labyrinth von Grenzlinien entkommen zu sein glaubte, konnte jederzeit aus seiner plombierten Sicherheit gerissen und in ein Schnellboot, ein Amphibienfahrzeug oder einen Helikopter verfrachtet werden.

Die von den Überwachungsprogrammen des Syndikats in den Kontinent gefrästen Spuren waren aber eine Gefahr nur für den, der ihnen folgte. Ein Hydrotechniker, der auch nur um Haaresbreite von einer solchen Spur abwich und seine Kenntnisse der Bruchlinien des kontinentalen Scherbenhaufens und der an Wasserläufe geknüpften Fluchtwege nutzte, der konnte – zumindest für Zielfernrohre oder Infrarotkameras – außerhalb jeder Schuß- und Sichtweite unsichtbar bleiben.

Ich war überzeugt, daß Miras Blauschopf sich nicht mit verdachtsfreien Vernehmungsprotokollen zufriedengeben würde. Im harmlosesten Fall würde er von mir einen Bericht von Miras letzter Stunde fordern. Und das, auch davon war ich überzeugt, konnte ich nicht. Denn wenn ich das Leben meiner Schwester mit diesem verfluchten Fremden hatte teilen müssen, sollte wenigstens ihr Tod mir allein gehören. Auch wenn ich von diesem Günstling, der im Rang über mir stand, nichts zu befürchten hätte, wollte ich mich um keinen Preis einem Menschen ausliefern, der meine Pharaonin an den Atlantik entführt hatte.

Daß die zerrissene Weite zwischen der Nordsee und der kontinentalen Mitte von kreuz und quer verlaufenden Grenzbalken verlegt war, die wie Mikadostäbchen oder wie die Baumstämme eines Windwurfs so gut wie jeden direkten Weg zerschnitten, machte Reisen zu komplexen Hindernisläufen, die manchmal schon kurz nach dem Aufbruch wieder an den Ausgangsort zurück oder einfach ins Nirgendwo einer kurzfristig verhängten Quarantäne führten. Aber ein Hydrotechniker meiner Qualifikation genoß nicht nur Reiseprivilegien in diesem instabilen Chaos, sondern verfügte auch über ein ausgedehntes Kartennetz in den Speichern seiner Navigationsgeräte, vor allem aber in seinem Kopf.

Es hatte zu den großen Prüfungen in Rotterdam gehört, Fluß- und Stromverläufe, Stauwasserzonen, Quellgebiete, Reservoirbecken, Verrohrungen und die Rhizome von Kanalsystemen, kurz: alle ober- oder unterirdisch geführten Wasseradern, die an eine Darstellung der Blutbahnen eines weit verzweigten Organismus erinnerten, aus dem Gedächtnis mitsamt den entsprechenden Koordinaten und technischen Einrichtungen zu zeichnen oder zu beschreiben. Entlang dieser Bahnen – und seien die verzeichneten Rinnsale oder Flüsse noch so wasserarm – fand ein Hydrotechniker genug Möglichkeiten, um dieses Netz als Weg- und Versorgungssystem zu nutzen: Bootsmänner, Fährleute, Schleusenwärter, korrupte Dammbesatzungen halfen ihm zur Not weiter, *Wassermänner,* die durch den von Jahr zu Jahr weiter und weiter, in manchen ariden und verwüsteten Gebieten ins Astronomische gestiegenen Preis für Süßwasser eine lose und deshalb kaum greifbare, allein dem jeder Besteuerung entzogenen Profit verpflichtete Schattengemeinschaft gebildet hatten.

Diese Gemeinschaft konnte, wie sich schon in der Vergangenheit gezeigt hatte, mit Bestechungsgeldern und diskreten Angeboten gelegentlich sogar die vermeintliche Allmacht des Syndikats untergraben. Ein aus dem Syndikat Verstoßener oder Geflohener konnte mit dieser Hilfe selber zum Schatten werden und sich in Fluß- und Aulandschaften verlieren wie ein Zweig, ein bemooster Stein oder ein durchs Ufergras huschender Fischotter.

Ich hatte schon während meiner Rotterdamer Studien- und Lehrjahre und später auf den Baulosen am Amazonas und Mekong gelernt, nicht nur Paragraphen, sondern auch Kontrollen so zu umgehen, daß meine Verletzung der Regeln – beispielsweise die verbotenen Videoaufnahmen von Kämpfen der Kayapó gegen die im Sold des Syndikats stehenden Militärs am Rio Xingu – Pfeile und Speere gegen Granaten und Scharfschützengewehre! – niemals bemerkt und niemals bestraft wurden. Ein Übersetzer der Wasserbaubehörde in Manaus hatte mir damals Zugang zu dem abgeriegelten Schlachtfeld an dem in Rauchschwaden gehüllten Hauptdamm verschafft. Auch in Kambodscha war ich unentdeckt der Einladung eines Khmer-Clans zu den als Tabu-Zonen abgeriegelten Tempelbezirken von Angkor gefolgt, obwohl in meinen Arbeitsverträgen jeder Verbrüderung mit Stammesangehörigen oder *Locals* sofortige Entlassung und ein Strafverfahren angedroht wurde.

Mit Mira hatte ich einen primitiven Code entwickelt, der mir erlaubte, ihr selbst durch eine Reihe von Zensurfiltern im Netz von meinen Exkursionen in die Illegalität und in die Wildnis zu berichten. Unsere Verschlüsselungen waren allerdings so mangelhaft, daß es immer wieder zu Mißverständnissen kam, etwa daß Mira tatsächlich bis zur Aufklärung des Irrtums in einem unserer Tischgespräche im Leuchtturm geglaubt hatte, ich sei am Amazonas nicht Zeuge eines Massakers und der gewaltsamen Auflösung einer Protestveranstaltung gegen die Überflutung eines als heilig verehrten Jagdreviers geworden, sondern ich hätte an einer indianischen Hochzeit mit Feueropfern teilgenommen.

Mira. Noch in den mit schußsicherem Glas und Stahl bewehrten Wartearealen im Bauch der Spinne hoffte ich am Morgen nach ihrem Tod, daß sich, woran ich mich erinnerte, als groteske Wahnvorstellung erweisen würde. Und wenn ich von dieser Hoffnung erschöpft einnickte und im verhaltenen Lärm eines von Bewaffneten und Uniformierten überwachten Reiseverkehrs hochschreckte, war ich wieder und wieder bereit zu glauben, daß die Wirklichkeit sich genau jetzt, in diesem Augenblick des Erwachens, als Alptraum erweisen und ich im nächsten Augenblick Miras Stimme in der wirren Vielstimmigkeit hören könnte.

Die Schattengemeinschaft bot mir zwar keinen Ausweg, aber eine Route: Ein Kommandant an der großen Gezeitenschleuse in Sichtweite der Spinne, den ich als ehemaligen Koordinator von Brunnenbauprojekten in einem Entminungsgebiet Kambodschas kannte, verschaffte mir einen Platz als Begleitfahrer in einer aus neun Transportern bestehenden Kolonne von Schwerlastwagen. Die Kolonne sollte nach einem Aufstand des Protektorats Holstein gegen die Polis Hamburg – einem von zwei Admirälen regierten und von bürgerkriegsähnlichen Unruhen zerrissenen Stadtstaat – die Villenviertel an der Elbe mit Trinkwasser versorgen.

Es hatte nur einer einzigen chiffrierten Anfrage bedurft, die ich aus der mit Lotosduft und Lavendel parfümierten Lounge in der Spinne absetzte, um den Kommandanten an der Gezeitenschleuse zu erreichen und von einer Drohne zum Tankplatz der Wassertransporter gebracht zu werden.

Die Holsteinischen ..., erzählte der mit Fischköpfen auf Armen und Handrücken und vermutlich am ganzen Körper tätowierte Fahrer, in dessen komfortabler Kanzel sich eine von elektrisch geladenem Stacheldraht gesäumte Straße vor uns entrollte, ... die Holsteinischen hatten versucht, die Trinkwasserversorgung Hamburgs mit Loritan zu verseuchen, einem Nervengift, das die Sauerstofftransportkapazität des menschlichen Blutes innerhalb von neunzig Sekunden blockieren und den Wassertrinker töten konnte. Gelungen sei der Anschlag aber nur in den Trinkwasserreservoirs der Villenviertel. Die Wohntürme im Hinterland der Elbufer seien durch ein Feuergefecht mit vielen Toten verschont geblieben.

Einen Augenblick lang schien es, als hätte der Fahrer gerne Freude über diesen Teilerfolg gezeigt. Aber weil er nicht wissen konnte, ob ein Wassermann und Freund des Schleusenkommandanten, der ihm ohne Erklärungen zugeteilt worden war, nicht auch selber ein Villenbewohner war, sagte er nur: *Schrecklich. Alle, selbst die Kettenhunde mit offenem Maul erstickt.* Und sagte dann während der dreistündigen Fahrt kein Wort mehr.

Erst als wir die hamburgischen Grenzbarrieren nach Einbruch der Dunkelheit passierten — Minenfelder, Stacheldrahtverhaue, Selbstschußanlagen und Bunker, aus deren Schießscharten wir vermutlich mit Nachtsichtgläsern beobachtet wurden −, fand der Fahrer die Sprache wieder: *Immer noch! Sie brennen immer noch!*

Der Himmel war wie an einem sommerlichen Abend blaßrosa, dann aber flackernd rot, rubinrot geworden. Sieben der größten Ladekräne im Hamburger Hafen, den angeblich eine zu lokaler Größe geschrumpfte Allianz von schießwütigen Friesen verwaltete, fast zweihundert Meter hohe Rotationstürme mit Schwenk- und Pendelarmen, die wohl eine Kathedrale von einem Pier zum anderen hätten schweben lassen können − standen in Flammen. Diese Türme konnten tatsächlich Berge versetzen, wenn sie Hunderttausende Tonnen Steine, Felsen, Sprengmaterial von den Kanarischen Inseln löschten, die vom Syndikat als Steinbrüche ausgebeutet wurden. Die zertrümmerten vulkanischen Höhenzüge der Inseln mußten der Landgewinnung an den versinkenden Küstenstrichen des Kontinents dienen. Gegen die ungeheuerliche Größe der *Steinschiffe,* deren Tonnagen ich von Rechenbeispielen meiner Ausbildung kannte, wirkten selbst die größten Öltanker vergangener Zeiten wie Boote auf einem Seerosenteich. Was für ein Feuer!

Die Holsteiner Aufständischen, sagte der Fahrer, hätten vor zwei Tagen mit einem Drohnengeschwader hochenergetischen, mit Haftmilch versetzten Treibstoff in dichten Schleiern über diesen Ladekränen versprüht. Die Schleier wurden auf dem Gitterwerk der Kräne innerhalb von Minuten zähflüssig wie Honig, erstarrten dann zu einem silbrigen Belag mit den Eigenschaften von Stahl und entzündeten sich selbst.

Sieben unlöschbare Fackeln verwandelten den Himmel über dem Hafen und über weiten Teilen der Stadt in eine rotglühende Glocke. Das Fanal, sagte der Fahrer, sollte nach einer durch das Netz gejagten Botschaft der Attentäter den Hamburger Landräubern mit ihren Handelshäusern, Banken und Yachthäfen zeigen, daß das demokratische Holstein sich der hanseatischen Polis niemals unterwerfen würde.

Mir rann kalter Schweiß über Stirn und Wangen. Ich begann so heftig zu zittern, daß ich aus der Wasserflasche, die ich eben geöffnet hatte, einen klatschenden Strahl über eine der Armaturenleisten des Lasters goß. Der Fahrer merkte nichts davon. Er war von den riesigen Fackeln, die seit der Abfahrt der Wasserkolonne vor zwei Tagen zum Himmel loderten, nicht weniger gebannt als ich. So oder so ähnlich mußte das Firmament flackern, wenn die Welt unterging.

Als ob mich ein Widerschein meiner Tat erst jetzt und mit jener Verzögerung erreicht hätte, mit der ein Donnerschlag auf den Blitz eines aufziehenden Gewitters folgt, empfand ich, daß nicht das schwache Glimmen des Bernsteinzimmers in Miras Turm, sondern dieses flammende Leuchten meine Tat beschien und für die ganze Welt sichtbar machte: Ich hatte meine Schwester getötet, meine Liebste. Ich mußte hinaus in die Nacht, um nicht zu ersticken, hinaus unter den

freien, blutroten Himmel, den meine Tat in Brand gesteckt hatte.

Der Fahrer verstand nicht, warum ich ausgerechnet
in diesem Feuerregen den Schirm der Kolonne verlassen wollte, deren Wasser uns im Notfall vor Hitze
und Flammen schützen konnte. Aber ich war in dieser
von zahllosen Brackwasserseen gefleckten Landschaft,
von deren weithin geschwungenen Straßenbrücken
bei Windstille und klarem Tageslicht die Dächer versunkener Häuserzeilen und Boulevards am Grund zu
sehen waren, mit Wegverhältnissen und Hindernissen
aus hydrographischen Exkursionen vertraut: Die Pauls-
brücke, die Georgsbrücke, der Störtebekerbogen – ich
wußte, wohin ich gehen und wo ich verschwiegene
Unterstützung finden konnte.

Mit meinem Fahrer, der die vorderste Zugmaschine
lenkte, mußte die gesamte Kolonne halten, als ich aus
der klimatisierten Kanzel in den schillernden Morast hinabstieg und dann allein in der Nacht zurück-
blieb.

Wenn es bis zu dieser Stunde irgendeinen Ort auf
dem Kontinent gegeben hatte, gleich welcher Landes-
oder Grafschaftszugehörigkeit, der meinem Vater Zuflucht bieten konnte, dann war dieser Ort mein Ziel
gewesen. Dorthin wollte ich, dorthin mußte ich.

Aus dem Tosen des Wassers in meinem Kopf löste
sich jetzt das Schwirren der Kolibris am Rio Xingu.
Die Morgen- und Abenddämmerungen waren erfüllt
gewesen von diesem Schwirren, wenn vier, fünf und

sechs verschiedene Kolibriarten Zuckerwasser aus den auf meiner Terrasse im Wind pendelnden, mit Plastikblüten bestückten Glasflöten tranken. Das Geräusch ihrer blutroten und smaragdgrünen Flügel war weder durch das Wasser noch den Wind, ferne Motoren oder den vielstimmigen Chor aus dem Regenwald zu übertönen. In diesem rhythmischen Schwirren hatte ich Silben zu hören geglaubt, die sich zu einem Auftrag zusammenfügten, einem Befehl, der nach der Tat meines Vaters am Großen Fall und dem Tod von fünf Menschen, die sich ihm anvertraut hatten, zu erfüllen war: *Töte ihn. Töte ihn.*

Töte ihn. Nach meiner Zeit in Amazonien fächelten mir selbst die Eisvögel am Mekong diese drei Silben zu, wenn sie sich im Jagdflug von tief über dem Wasserspiegel hängenden Zweigen auf ihre Beute stürzten – im Nachmittagslicht aufblitzende Fische, die ahnungslos im seichten Wasser standen, Krebse, die sich der Strömung wie in Zeitlupe ergaben und im Schnabel des Eisvogels das Ufer der Lungenatmer erreichten, an dem ihre Panzer aufgeschlagen und ihr süßes Fleisch verschlungen wurde.

Aber im Flammenschein der Hafenkräne begannen diese Silben, die selbst als Niederschlag aus schwarzen Träumen, Erinnerungen und Wutphantasien von Vogelschwingen aus meinem Innersten hochgewirbelt worden waren, zu verfliegen. Und wichen einem neuen Namen, einem Ziel von größerer Dringlichkeit, zwei Silben: Jana. Der Name meiner Mutter tauchte so unmißverständlich auf, wie Worte, Sätze, Befehle selbst in einem chaotischen Stimmengewirr manchmal so klar verständlich werden, als wären sie in die absolute Stille, ja in die Totenstille gesprochen worden.

Und mit dieser Unmißverständlichkeit war mir, noch bevor ich den Schutz der Trinkwasserkolonne verlassen hatte, klar geworden, daß mein Weg vor allen anderen Wegen der Vergeltung oder des Zorns in den Süden führen mußte, ans adriatische Meer. Denn jetzt, nachdem ich selber getötet hatte, meine Liebste, meine Schwester getötet hatte, überfiel mich an diesem Abend, an dem der Himmel zu brennen schien, die gleiche überwältigende Sehnsucht nach Tröstung und Zuspruch wie in jenen Tagen, in denen ich am Großen Fall Wespen und Hornissen in der Luft zerschnitten und über dem Anblick der im Moos oder auf den Steinen zuckenden Körperhälften in Tränen ausgebrochen war, im Entsetzen über meine Tat.

In Janas Armen hatte ich dann schluchzend, heulend empfunden, wie tröstlich die Wärme und der Duft ihrer Haut sein konnte, wie lindernd der sanfte Druck einer Umarmung. Selbst ein Verbrechen und die Verzweiflung über die eigene Grausamkeit konnten in Janas Armen wie später in den Armen Miras leicht, federleicht werden und verfliegen wie die Schemen eines Alptraums im Augenblick des Erwachens.

Jana. Ich mußte zu ihr. Zu ihr, um ihr meine Geschichte vom Tod Miras zu erzählen. Als einziger Zeuge eines tragischen Unglücks würde ich beschwören, daß ich nicht war, was ich doch war: ein Mensch, der getötet hatte. Und würde so der Wirklichkeit ihren Schrecken nehmen. Reden würde ich, reden, erzählen, was geschehen war, bis sich restlos in Worte, in eine Geschichte verwandelte, was nur als Geschichte zu ertragen war. Und Jana würde mich über den Tod meiner Pharaonin, an dem ich zu verzweifeln drohte, trösten. Mein Ziel war Janas Insel, die Insel ihrer Geburt, Cres, die seit ihrer Eroberung durch die Truppen eines venezianischen Triumvirats im vergangenen Jahr wieder einen italienischen Namen trug: Cherso.

Seltsam, wie ruhig ich bei dem Gedanken wurde, der Verschollenen auf ihre von den dalmatinischen Kriegen verwüstete, im Bombenhagel und durch die Verseuchung von Quellen und Brunnen wasserlos gewordenen Insel zu folgen. Wenn der direkte Weg ans Mittelmeer durch den zerfallenen Kontinent von Grenzbalken verbarrikadiert war, würde ich dem von der Hauptwasserscheide abfließenden Rhizom der Flüsse, Ströme und Kanäle bis an jene Küste folgen, an der die Stadt Rijeka vergeblich verteidigt worden war. Nach ihrer Einnahme durch die Venezianer mußten auch Rijekas Ruinen wieder einen alten Namen annehmen: Fiume.

Jenseits neuester Landtaufen kannte ich die Verwalterin einer vom Syndikat kontrollierten Fischereikooperative, deren Schleppnetzkutter mich auf Janas Insel bringen konnten. Venezianer oder Dalmatiner:

Das Syndikat pflegte mit alten wie mit neuen Herren Beziehungen. Denn in dem unüberschaubaren Geflacker von Kleinkriegen um Stauzonen, Stammesgebiete, Küsten oder Stromufer konnte innerhalb weniger Tage der Eroberer von gestern der Unterworfene von morgen sein.

Aber wenn ein Hydrotechniker wie ich mit allen seinen Rotterdamer Kenntnissen wußte, was er mit seiner Bewegungsfreiheit in diesem von nationalistischen Eiferern beherrschten und zu immer neuen Fraktionen von Wassersüchtigen zerspringenden Labyrinth anfangen wollte und er seine Route in für jeden Verfolger rätselhafte Windungen legte, keine Ortungselektronik im Gepäck oder am Körper trug und zwischendurch für Tage in einem Versteck stillhielt, dann konnte selbst ein Totschläger, ein Mörder, der den einzigen Menschen getötet hatte, den er auf dieser Welt liebte, wie ein freier Mensch gehen, wohin er wollte.

10

Durch die Scherbenwelt

Die Speichermodule aus dem Rechner des Fallmeisterhauses enthielten neben endlosen Kolonnen von Wasserstandsmarken, Strömungsgeschwindigkeiten, Druckverhältnissen und Kubaturen von Materialverfrachtungen auch die Tondokumente von mehr als zwei Dutzend Botschaften eines Predigers, den unser Vater offensichtlich wie einen Propheten verehrt hatte. Mira hatte mir diese einmal flüsternd, dann wieder brüllend oder singend vorgetragenen Predigten mitsamt den über Jahre archivierten Meßwerten des Weißen Flusses nach der Räumung des Fallmeisterhauses – und rechtzeitig vor der Beschlagnahme der Module durch das Syndikat – als verschlüsselte Datei mit dem Vermerk nach Amazonien gesendet: *Vaters Brüllaffe*.

Gebirge und Ebenen, ja ganze Erdteile ..., so hörte ich den Prediger, der sich nach dem mythischen, ins Ionische Meer ergießenden Fluß *Acheron* nannte, aus den Muscheln meiner Kopfhörer beschwörend und von gelegentlichen Zurufen, Hustenanfällen und Applaus seiner Gemeinde unterbrochen verkünden, ... Gebirge und Ebenen würden unter dem Druck von Erosionskräften, des Vulkanismus oder den kontinentalen Verschiebungen der Erdkruste bis in die Höhe der Eiswolken emporgestemmt und im Verlauf von Abermillionen Jahren wieder zurück in die Tiefe sinken.

Europa, Asien, Amerika, Australien, Grönland und wie immer die kurzlebigen Namen dieser Erdteile lauteten, drifteten in diesem Prozeß wie Flöße auseinander, zerbarsten oder fügten sich in wiederum Jahrmillionen dauernden Katastrophen unter einem Sternenhimmel, der nicht weniger flüchtig war und ins Unendliche zerstob, zu neuen Superkontinenten zusammen oder verglühten in vulkanischen Feuerwerken. Dann staute sich Asche vor Gebirgen aus tektonischem Schutt oder brandete gegen Fels- und Sandstrände. Im Zeitraffer glichen diese scheinbar unvergänglichen Küsten doch bloß einem im Wind schlagenden, durch Äonen flatternden Band.

Aber was immer sich zu festem Land verdichtete, auftürmte oder in alle Himmelsrichtungen ausdehnte und zersprang, brüllte der Prediger, gehorchte den Gesetzen der Gravitation und mußte irgendwann durch die Kräfte der Teilung und durch alle Räume – von den intergalaktischen bis zu den nur noch von Quantenphysikern meßbaren, kleinsten Spielplätzen der Materie – wieder zerfallen.

Wenn aber die höchsten Gebirge wieder zu Staub wurden, rieselndem Sand, dem Endzustand aller Landschaft, dann mußte selbst das mächtigste Imperium in kleiner und kleiner werdende Fragmente zerfallen, in Regionen, Stadtstaaten, Stammesgebiete, Clans, ja in Familien – und schließlich in eine Unzahl einzelner Individuen.

Der nordamerikanische und europäische Kontinent, seit je miteinander verbunden durch eine gemeinsame Geschichte der Grausamkeit, der Eroberung, Sklaverei und des Genozids, sei längst auf dem Weg in eine friedlichere Zukunft, schrie, nein: sang der Prediger irgendwann in die Unruhe eines Saales oder eines Versammlungsplatzes: auf dem Weg in eine friedliche Zukunft! Denn am Ende prügelten sich doch bloß versprengte Durstige um einen Becher trüben Süßwassers und Hungrige um einen Fetzen Fleisch, konnten aber keine Kriege mehr führen … Der Prediger machte eine lange Pause, bevor ein vielstimmiges *Amen! Amen!* einsetzte.

Keine Kriege mehr! Denn wenn einst jeder gegen jeden um einen steinigen Streifen trockenen, die Flut nur um eine Handbreit überragenden Landes kämpfte, dann war die Zeit der Armeen, der Schlachtfelder und in Trümmer gebombten Städte endlich vorüber. *Amen!*

Was aus den Hörmuscheln mit ohrenbetäubender Lautstärke drang, war zwar nicht neu für mich – solche *Sand-* und *Wasserpriester*, Mahner und Visionäre mit allen nur denkbaren Vorhersagen zur Zukunft der Menschheit waren bereits in meinen Schuljahren eine alltägliche Erscheinung auf Bildschirmen oder spirituellen, von Dutzenden Kameras angestarrten Plätzen gewesen –, aber daß unser Vater ein Anhänger, vielleicht sogar ein *Erleuchteter* gewesen war, hörte ich auf Miras Tondokument zum ersten Mal.

Die Kopie aus dem Fallmeisterhaus, die sich nun auf einem magnetresistenten Segment meines Datenarmbandes befand, zeigte bei einer kabellosen Verbindung mit einem Bildschirm auch Korrespondenzen unseres Vaters mit dem Syndikat und seine erfolglosen Versuche, die Rückführung Janas in ihre mittelmeerische Heimat abzuwenden. Seine Eingaben bei der Bandoner Migrantenbehörde umfaßten Dutzende mehrseitige Dokumente – Bescheide, Berufungen, Einsprüche –, immer wieder aber Bekenntnisse seiner Liebe zu seiner Frau, von denen jedes Wort für mich so neu und unerhört klang wie von einem anderen Stern.

Vor der überwältigenden Fülle dieses Materials überfiel mich ein Gedanke, der mir bis dahin völlig fremd gewesen war: Mein Vater hatte in Jana nicht nur eine Magd, eine Trösterin, Helferin bei der Verwaltung des Großen Falls und die Mutter zweier Kinder gefunden, die ihm im Rahmen eines demographischen Entwicklungsprogrammes wohl auch finanzielle Vorteile beschert hatte, sondern eine Geliebte. Der schweigsame, unerbittliche Fallmeister hatte Jana geliebt.

Ob Mira mir mit der Übergabe der Dateien Beweise für diese Liebe vorlegen oder bloß die Visionen eines Predigers zukommen lassen wollte, dem unser Vater als gläubiger Anhänger gefolgt war, wird mir für immer ein Rätsel bleiben.

Ich habe das Material während jener schlaflosen Nacht in einem von Rohrleitungen durchzogenen Wasserschloß der Hamburger Flutbehörde gehört. Ich durfte dort in einem Kontrollraum die Wartezeit bis zur Abfahrt der lokalen Schwebebahn ins Königreich Hannover am nächsten Morgen verbringen. Diesmal war es ein Quellwasserhändler gewesen, der mir eine weitere Etappe außerhalb aller Überwachungsnetze verschafft hatte.

Die Hannoveraner waren durch Kredite für einen Dammbau, einem fast sechzig Meilen langen turmhohen Wall, der ihre umkämpfte Monarchie vor dem Untergang bewahren sollte, dem Syndikat in hohem Ausmaß verpflichtet. Ein Vertreter dieser übermächtigen Gläubigergesellschaft mußte deswegen an den Lichtschranken nur seine Syndikatszugehörigkeit an einem Irisdetektor beweisen, um alle Transporteinrichtungen des königlichen Netzes nutzen zu können – Schwebebahnen, Fähren, Wasserstoffbusse ohne Tickets und Paßkontrollen.

Als ich meine Reise ans Mittelmeer am nächsten Morgen in einem mit Fauteuils und Aquarien voll farbenprächtiger Zierfische ausgestatteten Vorzugsabteil der Schwebebahn antrat, war ich wie benommen von der Vorstellung, eine Reise durch die Visionen des Predigers anzutreten:

Vor mir lag ein Puzzle aus fanatischen Zwergstaaten,

Scherben eines Kontinents mit ihren alle zwanzig oder dreißig Meilen wechselnden Hymnen, Fahnen, heraldischen Zeichen, Währungen und vielfarbigen Grenzzäunen, die miteinander allein nur durch ihre Armseligkeit verbunden waren. Denn wer in dieser Scherbenwelt nicht das Glück hatte, über kostbare Rohstoffe wie mineralreiches Süßwasser, Metalle, Salze für asiatische Elektronikindustrien oder wenigstens technisch gebildete Arbeitskräfte zu verfügen, konnte nur von den Früchten seiner Felder und Gärten leben und mußte jedes Verschleißteil seiner bis ins Schrottstadium ratternden Maschinen durch Handarbeit ersetzen.

Jener kontinentale Flickenteppich, den Vaters Prediger seiner Gemeinde als gottgewolltes Feld auf dem Weg in eine friedliche Zukunft des einzelnen beschworen hatte, streifte mit jeder Unabhängigkeitserklärung einen weiteren Namen ab, der an das alte Europa erinnern konnte. Europa, das war schon in den Bandoner Schulstunden bloß noch der Name einer mythischen, von einem geilen Gott entführten und vergewaltigten Tochter eines phönizischen Königs gewesen und gewiß kein Name, der irgendwelche Bruchstücke miteinander verbinden konnte.

Nachdem ich die königliche Schwebebahn in einer von Efeu und Wildem Wein umrankten Endstation verlassen hatte, machte ich mich auf meinen Weg ans Meer, der in diesen Tagen den Schritten und Rösselsprüngen einer Brettspielfigur glich, die sich zwischen Niemandslandstreifen, Tabuzonen, Minenfeldern, Quarantänezonen und von elektrischen Zäunen umsponnenen Hoheitsgebieten bewegte, von denen die meisten so lächerlich klein waren, daß selbst eine Felsentaube mit ihrem unbeholfenen Flug sie innerhalb einer Stunde hätte durchflattern können. Und vor allem, über allem, hinter allem ein dichter Wald von elektronischen oder stählernen Schlagbäumen.

Trotz meiner Fähigkeiten, jede Autorität unbemerkt zu unterwandern, war ich noch nie gezwungen gewesen, dieses Vermögen Tag für Tag auch tatsächlich anzuwenden und nicht bloß als Spiel zu betreiben.

Aber nun sollte mich der Weg über Land durch die kontinentale Scherbenwelt führen – mit allen ihren brüchigen Allianzen, Barrieren und unterschiedlich entwickelten technischen Überwachungssystemen. Das hatte immerhin den Vorteil, daß die Netze des Syndikats die einzigen Regionen und Zwergstaaten überspannenden Systeme waren. Die Macht lokaler Sicherheitstruppen, Kontrollposten und Militärs endete am nächsten Grenzübergang ohne Austausch von Informationen mit dem jeweiligen Nachbarn. Denn nahezu jeder Nachbar galt in Zeiten wie diesen als Feind. Wer aber mit den Augen und Ohren des Syndikats vertraut war, hatte von lokalen Ordnungskräften nichts zu befürchten.

Ich weiß nicht mehr, wie viele Tage über meiner Zeit als Brettspielfigur und meiner Sehnsucht nach Trost vergingen. Irgendwann mußte ich mir eingestehen, daß ich die Unaufhaltsamkeit meiner Reise ans Meer, die an die Strömungsgeschwindigkeit eines seiner Mündung entgegendrängenden Fließgewässers erinnerte, immer wieder und trotz der Bürde meiner Tat als lustvoll empfand.

Ich ging oft weglos, allein geführt von den digitalen Stimmen und Zeichen meines Navigators entlang und über Waldgrenzen, durchschwamm mit wasserdichtem, kleinstem Gepäck Grenzflüsse und folgte den Verläufen von Bächen und Strömen, deren Quell- und Mündungsgebiete ich im Schlaf hätte benennen können. Manchmal nützte ich auch Transportmöglichkeiten, die mir über Satellitenkommunikation von alten Vertrauten im Syndikat verschafft worden waren – Steinlasterkolonnen etwa, einige Male sogar Drohnen und Kleinflugzeuge, die das Radar des Syndikats unterflogen.

An dem von Schwermetallen verseuchten Magdalenenstrom, der an dieser Stelle im letzten Jahrzehnt auf eine Breite von nahezu dreißig Kilometer angewachsen war, bot mir der Pilot eines Wasserschlittens die Überfuhr für einen Bruchteil des Fährpreises an. Nach einer rasenden Fahrt, die uns beide und selbst mein vermeintlich wasserdichtes Gepäck durchnäßte, fragte er mich, ob ich Waffen kaufen wollte – Handgranaten, Flammenwerfer, Schnellfeuergewehre. Nachdem ich auf dieses Angebot zunächst wie auf einen schlechten Scherz reagiert, dann aber entschieden abgelehnt hatte, wurde er so wütend, daß er mich mit einem Klappmesser bedrohte und erst von mir abließ, als ich ihm den Namen eines Milizkommandanten an diesem Stromabschnitt als den Namen eines Verbündeten zuschrie.

Von da an benutzte ich nur noch Flußfähren, manchmal sogar mit den Hoheitszeichen von Warlords beflaggte Museumsdampfer, um einige auf ein Vielfaches ihrer einstigen Größe angewachsene Seen zu überqueren. Scouts rebellischer Minderheiten führten mich über entlaubte Höhenrücken, und die Grenze Großserbiens überquerte ich in einer Karawane von Wanderarbeitern, die von Robotern eskortiert wurden. Aber was immer ich sah und was immer ich im Lärm dieser Reisetage hörte, übertönte weder das unablässige Tosen in meinem Kopf noch die darin wie in einen Kokon gebettete Stimme Miras. Sie flüsterte mir vertraute Kosenamen zu, lachte über mich, sprach Ermahnungen und Belehrungen, manchmal mit der nachgeäfften Stimme unseres Vaters.

Dann wieder döste ich in Tagträumen auf der Ladefläche eines Pickup oder in einem Transporter, der mit zum Skelett abgemagerten Helfern aus Erntelagern überfüllt war, und hoffte dabei, daß alles, was ich erfuhr und über den Zustand des Kontinents zu wissen glaubte, auf einem vergleichbaren Mißverständnis beruhen könnte wie Miras Annahme, ich wäre bloß Gast oder Zeuge einer indianischen Hochzeit gewesen und nicht eines Massakers …

Aber solche Wunschphantasien verflogen über den Zwängen des Fortkommens schnell und wurden allmählich seltener, je näher ich der adriatischen Küste kam. Mir waren das Blau und die Inseln dieses Rand-meeres, das im Vergleich zur Größe des Pazifik oder des Atlantik mehr an einen See als an einen Ozean erinnerte, in meinen Bandoner Schuljahren als der Inbegriff der abenteuerlichen Weite erschienen und als größte Quelle von Mythen und allen Spielformen der Kultur. Daß es noch andere Meere gab, an deren Stränden vielleicht größere Kulturen aufgeblüht waren (und von Mittelmeermächten zerstört oder versklavt worden waren), hatte ich lange als die Verleumdungen von Irrlehrern empfunden.

Hatte denn mit den Reichen der Ägypter, der Phö-nizier, Assyrer, Griechen, Römer, Umayyaden oder Osmanen nicht begonnen, was an Größe über Jahr-tausende nicht zu überstrahlen gewesen war – auch wenn es am Ende und entsprechend den Lehren jenes Predigers, dessen Stimme mein Vater in den Modulen des Fallmeisterhauses bewahrt hatte, wieder in jene Scherbenwüste zerfallen sollte, die ich auf meinem Weg zu Jana durchqueren mußte?

Was für ein Morgen, was für eine Stunde, als ich von einem Höhenzug des istrischen Niemandslandes das von den Stämmen eines lichten Pinienwaldes wie ver-gitterte, scheinbar friedliche Blau dieses Meeres der Heroen sah. Es war dieses Blau gewesen, das die Schiffe des Odysseus und des Agamemnon getragen hatte. Und dieses Blau hatte sich in den Augen von Helena und Penelope und der melancholischen Königstochter Nausikaa gespiegelt. Die Kapitäne der Pharaonen hatten ihre Treibanker vor fast fünftausend Jahren vor den Mauern der Hafenstadt Rhacotis gelichtet, um ihrem allmächtigen Herrscher nach langen Irrfahrten durch dieses Blau die Nachricht zu überbringen, daß die Welt größer als jeder imperiale Traum war, den man mit Pyramiden verherrlichen konnte.

Die Insel, die an diesem Morgen vor mir in der von Gischtkronen wie beschneiten Tiefe der Bucht von Fiume lag, war mir von einem stockfleckigen Aquarell vertraut, das meine Mutter Jana an einer Wand des Fallmeisterhauses wie ein Andachtsbild gehütet und bei ihrem Abschied doch zurückgelassen hatte. Zurückgelassen vielleicht mit dem Gedanken, daß Mira und ich zumindest eine in zerfließenden Farben gemalte Vorstellung davon haben sollten, wohin unsere Mutter verschwunden war: *Cherso*, vor ihrer Eroberung durch eine venezianische Flotte: *Cres*.

Die dalmatinischen Kriege hatten diese Insel so verwüstet und entvölkert, daß aus den Gassen von Fiume, wo ich stundenlang vergeblich nach einer Fähre fragte, kein Lebenszeichen auf der dem Festland zugewandten, langgestreckten Felsenküste Chersos zu sehen war. Nach Verbindungsleuten aus dem Syndikat, erhofften Helfern, fragte ich vergeblich.

In der Nacht, die ich in einem Quartier verbrachte, in dem Mannschaften von Wassertankern und Bohrschiffen auf ihre Einsätze warteten, glommen auf

Cherso nur drei schwache Blinklichter automatischer Seezeichen.

Der Navigator eines Bohrschiffs, das am nächsten Tag zur Suche nach unterseeischen Süßwasserquellen auslaufen sollte, hatte sich als sein Lebensziel den Aufstieg in die Kaste der Hydrotechniker vorgenommen und glaubte in mir im Nachrichtensalon des Quartiers einen möglichen Fürsprecher gefunden zu haben. Er ließ mir nach vier oder fünf Cocktails an einer von rasenden Flüssigkristallbildern flackernden Theke seinen Kontakt zukommen und wurde nicht mißtrauisch, als ich auf einen Tausch unserer Daten nicht einging und mich dabei auf Sicherheitsbestimmungen berief.

Am nächsten Morgen, es sollte ein glühend heißer Herbsttag werden, setzte mich ein Beiboot des Bohrschiffs an der Mole eines verlassenen Dorfes an der felsigen Nordküste von Cherso ab. Die Mole und angrenzenden Klippen waren von dornigem Gestrüpp so überwuchert, daß mir der Navigator aus dem Beiboot noch ein fußlanges Bootsmesser zuwarf, ohne das mein Landgang wie durch einen Stacheldrahtverhau geführt hätte.

Der Navigator hatte mich während der Überfahrt vor jenem Weg in die Berge gewarnt, den ich gehen mußte, wenn ich Montalto, das einzige noch bewohnte Dorf, Janas Dorf, an diesem Tag erreichen wollte. Cherso habe sich in den dalmatinischen Kriegen von einem adriatischen Idyll in eine Art Vorhölle verwandelt: die Dörfer verbrannt, Brunnen und Zisternen verschüttet und ein ganzer See, das Süßwasserreservoir der Insel, wenn nicht für immer, so doch gewiß für ein Jahrhundert vergiftet. Ein Mensch könne selbst auf diesem winzigen, elenden Stück Land verdursten oder im Kampf um einen Kanister Trinkwasser sein Leben verlieren, wenn er in seiner Not nicht den verzweifelten Versuch unternahm, sich schwimmend durch die von Feueralgen und neuerdings bissigen Aalen durchwirbelte Meerenge zwischen Cherso und der istrischen Halbinsel an wasserführendes Land zu retten. Und selbst wenn ihm dieses Kunststück gelang, wäre die Gefahr immer noch groß, den Strand unter den Kugeln von Scharfschützen zu betreten, denn die Venezianer kämpften dort immer noch gegen den Widerstand von Partisanen und schossen, verstört von der Grausamkeit und der unerbittlichen Heimatliebe ihrer Feinde, vorsichtshalber auf jeden, der sich nicht schnell genug als Untertan Venedigs zu erkennen gab.

Ich schleppte schwer an meinem vollen Wasserrucksack, den ich aus den Ausrüstungsbeständen des Bohrschiffs gegen das Versprechen erstanden hatte, dem Syndikat von meiner Unterstützung durch die Mannschaft des Bohrschiffs in aller Dankbarkeit zu berichten.

Das Schiff war bereits hinter einer Landzunge verschwunden, als ich durch die Ruinen eines Küstendorfes einen Wald aus Erdbeerbäumen erreicht hatte und endlich Wegspuren in die Höhe fand. Seltsam,

trotz satellitengestützter elektronischer Orientierungs-
instrumente, die mir meine Position auf wenige Zoll
genau zu bestimmen erlaubten, eine Route doch nur
wie einen Weg durch die Wildnis und nicht anders
als seit Hunderten von Jahren bahnen zu können: Mit
einer Axt, mit einem Messer.

Die Höhen- und Neigungslinien auf dem Bildschirm
meines Pathfinders hatten zwar erträgliche Steigungen
angezeigt, aber das stechende, ätzende Dickicht mit
seinen Fußangeln, nesselnden Schlingen und Dornen,
das hier die Bergflanken bedeckte, wäre ohne mein
Messer nicht zu durchdringen gewesen. Ich ging
nicht. Ich stieg nicht. Ich kroch.

Es war, als ob die dalmatinischen Kriege ein Netz
über diese Insel ausgespannt hätten, in dem sich allein menschliches Leben zur Vernichtung fing, dem
tierischen Leben, vor allem den Insekten, aber neue
Freiräume schuf.

Als ich in der abendlichen Dämmerung den ersten
der drei felsigen Höhenzüge erstiegen hatte, die mich
von Montalto trennten, war ich mit Flecken und glühenden Malen von Insektenstichen, Gelsen- und Flie-
genbissen übersät wie ein Scharlachkranker und mußte
mich selber laut ermahnen, ja beschimpfen, um den
brandroten Ausschlag nicht mit meinem Trinkwasser
zu kühlen.

Cherso war bis zu den Schmelzwassersintfluten nach
der letzten Eiszeit der Gipfel eines durch fruchtbare
Täler mit dem Festland verbundenen Gebirgszuges

gewesen und erst durch die Erwärmung des Kontinents mit vielen anderen Bergen und Höhenzügen Teil eines umbrandeten Archipels geworden. Mit dem kommenden und weiteren, immer weiteren Anstieg der Meeresflut würde diese Insel wieder zu einem unterseeischen Berg werden, auf dessen Steilhänge und Felswände von Delphinen gejagte Fischschwärme ihre Schatten warfen.

Montalto war an diesem Tag nicht mehr zu erreichen. Die verwilderten Karrenwege und im Dickicht endenden, von Granateinschlägen oder Geröllawinen unterbrochenen Straßen, die ich gelegentlich kreuzte, ließen keine Hoffnung auf ein Fuhrwerk oder wenigstens einen Reiter zu. Motorisierte Fahrzeuge, hatte der Navigator gesagt, gab es auf den Inseln der oberen Adria längst nicht mehr. Diese an Rohstoffen und Süßwasser arme Meeresregion sei nichts weiter als eine Pufferzone, ein Schlachtfeld.

Ich breitete dürres Gras über einen Teppich aus Flechten auf dem künftigen Meeresgrund. Die kupferfarbenen Flechten waren wohl trotz ihrer Genügsamkeit schon vor Jahren verdorrt – ein beiläufiges Zeichen, daß die Niederschlagsmengen in diesem Sektor des Mittelländischen Meeres denen der südlichen Sahara ähnlich geworden waren. Wer hier kein Wasser hatte, der mußte entweder Kriege darum führen oder zugrundegehen.

Ich hatte auf den Baulosen in Amazonien, in Laos

und Kambodscha immer wieder Nächte im Freien verbracht und mich von den unermüdlichen Chören von Tierstimmen in den Schlaf singen lassen. Aber hier war es still wie in einer Sandwüste. Selbst die stechenden, fressenden, saugenden Insekten flogen ihre Überfälle auf meinen schweißnassen Körper lautlos. Vielleicht wurde das Schwirren ihrer Flügel aber auch nur vom Tosen in meinem Kopf übertönt, das in dieser Stille betäubender war als alles Wasser am Großen Fall.

11

Vergebung

Nach einer im Halbschlaf und wirren Wachzuständen
verbrachten Nacht benetzte ich meine geschwollenen
Lider und Tränensäcke doch mit meinem Trinkwasser,
um das Feuer zu lindern. Stechmücken, grün schil-
lernde Fliegen und Pferdebremsen waren in einer Zahl
und mit einer Gier über mich hergefallen, wie ich sie
nur aus den Tropen kannte. Montalto, zeigte mein Navigationsgerät, war aber selbst im schleppenden Tempo
meines bisherigen Vorankommens kaum mehr als sieben Wegstunden entfernt. So lange würde ich einen
Weg durch Dickicht und Geröll auch ertragen, ohne
meinen Durst zu löschen. Ich durfte also meine glü-
hende Haut bis an mein Ziel mit kostbarem Quellwas-
ser aus den Tanks des Bohrschiffs kühlen.

In der ersten Stunde nach meinem Aufbruch begleitete mich ein klagender Schwarm Silbermöwen
in einem seltsamen Spiralflug, als hofften sie, von mir
in reiche Jagdgründe geführt zu werden, in eine ver-
borgene, von Flossenschlägen brodelnde Bucht des
leergefischten Meeres. Aber als mich der Schwarm auf
einem von toten Steineichen bestandenen Höhenrük-

ken so plötzlich wieder verließ, wie er bei meinem Aufbruch seine Schleifen zu ziehen begonnen hatte, glaubte ich zu erkennen, daß nicht ich die Seevögel, sondern der Möwenschwarm mich geführt hatte:

Tief unter mir, von Geröllhalden und verbrannter Macchia eingefaßt, lag jener See, von dem Jana uns am Weißen Fluß so oft erzählt hatte, daß er meiner Schwester und mir, ohne daß wir jemals auch nur ein Video des tiefblau glitzernden Seespiegels gesehen hätten, ähnlich vertraut geworden war wie die Gumpen, Schotterbänke und von Feuerlilien und wilden Orchideen überwachsenen Ufer des Weißen Flusses.

Wie ein aus Janas Erzählungen *wirklich* gewordener Schauplatz lag der See in der Vormittagssonne, schön wie in ihren Märchen: Der *Krähensee,* letzter Rest einer eiszeitlichen Flut und über Jahrhunderte Süßwasserspeicher der über eine nun zerstörte Drehbrücke miteinander verbundenen Inseln Cherso und Lussin. Aber die Ufer dieser Schönheit waren längst von allem Leben entblößt. Schon der erste der dalmatinischen Kriege hatte jeden Tropfen dieses Sees für Generationen vergiftet und selbst für primitivste Organismen tödlich gemacht. Wer in diesem Wasser badete oder davon trank, hatte man mich auf dem Bohrschiff gewarnt, der würde weder Montalto noch die Mole wieder erreichen, über die er diese unselige Insel betreten hatte.

Der Seegrund, hatte Jana uns erzählt, falle aus dem Bett des Hochtals, das ihn wie ein Trog faßte, bis tief hinab unter den Meeresspiegel, deswegen seien in ihrem Dorf Sagen von leuchtenden Mollusken, Quallen und anderen Bewohnern der Tiefsee überliefert worden, die durch die Finsternis des Seebodens schwebten, während sich Forellen, Barsche, Hechte und andere Süßwasserfische in den oberen, der Sonne näheren Wasserschichten tummelten.

Nach jener Sage, die Mira und ich von Jana wieder und wieder hören wollten, lebten am Seegrund nicht nur leuchtende, nie gesehene Wesen, sondern es stiegen von dort in jeder ersten Vollmondnacht eines neuen Jahres auch Bußgesänge aus einer versunkenen Kathedrale empor, die mitsamt ihren Erbauern in einem hundert Jahre dauernden Regen untergegangen war.

Eine vergessene heidnische Gottheit habe diese Stadt und ihre Bewohner, die durch den Sklavenhandel zu größtem Reichtum gekommen waren, mit dieser Flut nicht nur für ihre Grausamkeit und Gier bestraft, sondern auch für den Frevel, den sie an der Vogelwelt verübt hatten: Die Frevler hatten während der Wintermonate Singvögel in Käfigen zu ihrem Vergnügen gefangengesetzt und sich an ihren Liedern erfreut, im Frühjahr aber getötet und ihre Zungen als Delikatessen über der Glut von Osterfeuern gebraten, hatten sich Habichte und Falken für die Jagd dienstbar gemacht und Krähen vergiftet, um ihre hängenden Gärten am Seeufer vor ihrem Hunger zu schützen. *Vrana* war in Janas Muttersprache das Wort für Krähe. Daher der Name des Sees.

Vom Krähensee, auf dessen Spiegel nun eine leichte Brise langgezogene Schatten aufraspelte, trug die Thermik ein bitteres, metallisches Aroma zu mir empor. Dieses von einem Gott verfluchte und mit biologischen Waffen vergiftete Gewässer hatte mich aus Janas Erzählungen bis in die Rotterdamer Vorlesungen zur Geologie begleitet: Dort war der Vrana-See als vollendetes Beispiel einer *Kryptodepression* beschrieben worden, einer wassergefüllten, von der Adria umgebenen Senke. Die Uferlinie des Sees lag weit oberhalb, sein Grund aber tief unterhalb des Meeresspiegels. So war am Beispiel Chersos die Kostbarkeit solcher geologischen Sensationen abgehandelt worden: ein Süßwassersee inmitten des Meeres!

Seltsam, inmitten dieser schattenlosen Mittagslandschaft zu stehen und im Inneren eines großen Panoramas Kulissen aus Janas Märchen als Schauplätze der Wirklichkeit zu finden. Ich kannte den Krähensee bis zu diesem Augenblick nur aus Janas Beschreibungen und von Bildschirmen und graphischen Darstellungen auf Rotterdamer Schautafeln, und doch erschien mir dieser Anblick nicht weniger wirklich als jede meiner Erinnerungen an den Großen Fall.

Nach dem Verfliegen des Möwenschwarms wurde es so still, daß selbst das Flügelgeräusch winziger, bleicher Falter zu hören war, die unter meinen Schritten aus der Asche von Flechten und Moosen aufflatterten. Und im Herzen dieser Stille erkannte ich mit schockartiger Plötzlichkeit, daß jenes unablässige Tosen, das mich aus dem Inneren meines Kopfes so lange erfüllt hatte, verebbt war. In mir und um mich herum war es bis auf das Klingen des Blutes in meinen Gehörgängen vollkommen still.

Schon im nächsten Augenblick war ich überzeugt, daß diese Stille mit dem Anblick jener *Skyline* eingetreten sein mußte, die wie der von Zahnreihen starrende Kiefer eines versteinerten Raubfisches den immer noch hoch über mir verlaufenden Hügelkamm krönte: steile, eingesunkene Dächer, geborstene Mauern, ein Glockenturm – jedes Bauwerk ein versteinerter Zahn aus dem Gebiß eines Megalodon etwa, der vor fünfzehn oder zwanzig Millionen Jahren auf den Gipfeln eines submarinen Gebirges verendet war. Ein Dorf ganz aus Stein und von der gleichen bleigrauen Farbe wie die umgebenden Felsen: Montalto. Von hier war Jana mit der Hoffnung auf ein helleres Leben aufgebrochen. Und hierher war sie zurückgekehrt.

Montalto lag nach der Schraffur der Höhenlinien, die mir mein Navigator zeigte, auf einem felsigen Kamm, der von Osten nach Westen verlief und steil, manchmal senkrecht nach Norden, senkrecht auch nach Süden abfiel. Dort in steinernen Kaskaden über mehr als vierhundert Meter hinab in die Tiefe, ans Meer.

Als ob mich eine magische Kraft davon abhalten wollte, die verfallenen Wehrmauern des Dorfes zu erreichen, wurden selbst dürre, entlaubte Dornsträucher zu fast undurchdringlichen Hindernissen. Im mühseligen Höhersteigen, Schritt für Schritt, einmal durch die vermeintliche Erleichterung eines trockenen Geröllbettes, durch das längst verwehte Wolkenbrüche wohl Sturzbäche zum vergifteten Krähensee hatten hinabstürzen lassen, nahm das Dorf über mir so sehr Form und Struktur der Felsen an, daß sein Mauerwerk allmählich erschien, als sei es vor Jahrtausenden aus dem Berg geschnitten oder gebrochen worden, dann aber wieder untrennbar mit dem Gebirge verwachsen.

Es waren keine Straßen oder Wege erkennbar, die zu den zusammengedrängten Steinhäusern hochführten, aus deren geborstenen Mauern die Äste von Tamarisken und Maulbeerbäumen winkten. Montalto hatte sich offensichtlich nicht nur von den verwüsteten nördlichen Flanken der Insel, von einem vergifteten Süßwassersee und dem im Dunst liegenden Festland abgewandt, sondern vom gesamten, in Scherben gefallenen Kontinent und blickte aus leeren Fenstern nur noch hinaus aufs Meer.

Als ich aber nach einem letzten, quälenden Anstieg das mit einem Vorhängeschloß versperrte Portal des Glockenturms am Dorfeingang endlich erreichte, sah ich fünf, sechs Häuser, deren Schieferdächer wie neu gedeckt in der Sonne glänzten, als sei das Leben aus der Tiefe des Meeres und über die südlichen Felswände in die Ruinen zurückgekrochen und wollte in dieser Verlassenheit einen Neuanfang versuchen.

Ich war an Armen und Beinen mit Kratzern und

Insektenbissen übersät und konnte mich der von geronnenen Blutfäden in Raserei versetzten Fliegenschwärme kaum erwehren. Ich wusch das Blut mit meinem letzten Trinkwasser ab. In der großen Zisterne neben dem Glockenturm war das verlockende Geräusch von Wasser zu hören. Vielleicht wurde die Zisterne ja aus einer fließenden Quelle genährt.

Aber trotz einer langen Schöpfkelle, die neben einem gußeisernen, mit einem Engel verzierten Schachtdeckel lag, war dieses Wasser unerreichbar, denn auch der Engel breitete seine Flügel über einem blankgescheuerten, versperrten Eisenriegel aus. In mittelalterlichen Zeiten der Dürre, hatte uns Jana erzählt, in denen auch der Krähensee so salzig wurde wie das Meer, waren Wasserdiebe von einer Felskanzel am Dorfrand in den Abgrund gestürzt worden.

Seit mehr als viertausend Jahren, hatte ich auf meinem Datenband gelesen, lebten Menschen hoch über dem Krähensee, dessen Wasser nach diesen Jahrtausenden nicht bloß salzig, sondern zu einer tödlichen Brühe geworden war. Aber von der Strandsichel in der Tiefe führten offensichtlich immer noch Versorgungsadern, Lebensadern nach Montalto empor. Aus der Höhe einer rußgeschwärzten Signalfeuerplattform neben dem Wasserspeicher waren die Serpentinen eines in die Steilhänge geschlagenen Fußweges zu sehen, auf dem Menschen und Tragtiere Lebensmittel und wohl auch Wasser von einer Mole in die Höhe des Dorfes schleppten. Zisternen allein konnten bei den auf die-

sem Breitengrad spärlich gewordenen Niederschlagsmengen selbst ein halb verfallenes Dorf gewiß nicht
vor Durst und Dürre bewahren. Helikopterlandeplätze
gab es offensichtlich keine. Allein diese gewundene
Ader, die einen in der Tiefe liegenden Schotterstrand
über Felskaskaden mit den letzten bewohnten Steinhäusern Montaltos (oder waren es die ersten eines
Neuanfangs?) verband. Wie Nistplätze klebten die gedeckten Häuser zwischen den überwucherten Ruinen
am Südhang, während nach Norden und zum Krähensee nur noch Ruinen zu sehen waren.

Durch den panischen Warnruf einer Amsel glaubte
ich plötzlich, aus einem der Häuser eine Stimme zu
hören – die dann aber in einem fauchenden Windstoß
verwehte. Vom Flachdach eines Stalls oder einer
Scheune wirbelte eine Staubfontäne hoch, hüllte mich
für einen Atemzug ein und brannte auf meiner zer-
schundenen Haut. Als ich die Glutstellen mit einer
Handvoll lehmigen Wassers aus einer Pfütze neben der
Zisterne kühlen wollte, sah ich die im schmerzenden
Wind schlagenden Zettel an der Südwand des Glockenturms:

An einem dort festgenagelten, gekalkten Brett ra-
schelten Todesanzeigen, wie ich sie aus vielen Kü-
stendörfern kannte, schwarz gefaßte, mit verjährten
Fotos bedruckte Kundmachungen, wer seine Mitbür-
ger, wer die Welt in diesen Tagen verlassen hatte. Solche Nachrichten zerrten an rostigen Reißzwecken, bis
sie zur Unlesbarkeit verblichen und die Botschaft vom

Tod eines Menschen nur noch wie ein Wasserzeichen auf fleckig weißem Papier erschien.

Acht, sieben, sechs Schritt waren es von der Lehmpfütze bis zu den Todesnachrichten, aber ich hatte Miras Bild inmitten der Parten schon erkannt, noch bevor ich die Anschlagtafel erreichte. Mira. Meine lachende Schwester. Ihr Bild war von den Strophen einer Nachricht gerahmt, die ich nicht verstand – vielleicht eine Klage, vielleicht ein Gebet oder auch bloße Daten eines Abschieds. Jedes Wort in der Sprache meiner Mutter. Jana hatte den Tod ihrer Tochter den letzten oder den ersten, zurückgekehrten Bewohnern Montaltos kundgemacht.

Wie vertraut mir das Bild auf dem Kalkbrett war. Unser Vater hatte es an einem jener Märztage aufgenommen, an denen wir über einen schmalen Schleusensteg einen umtosten Felsen unterhalb des Großen Falls besuchten. Dort blühten zur Zeit der Schneeschmelze neben tiefblauem Enzian auch Teppichprimeln von einem so leuchtenden Goldgelb, daß es unserer kindlichen Vernunft nicht bloß begreiflich, sondern unbezweifelbar erschien, wenn Jana diese Blumen als *Himmelsschlüssel* beschrieb. Mit ihnen konnte ein Mensch die Gärten der Engel öffnen.

Wo diese Gärten zu finden waren? Im Wasserstaub, hatte Jana gesagt, in den Federwolken und selbst in den ockerfarbenen Windhosen, die im Sommer die Bandoner Pharaonensäule umtanzten. Die Tore zu diesen Gärten, hatte Jana gesagt, seien so zahlreich wie die

Bewohner der Erde und würden sich jedem Menschen zu seiner Zeit zwar nicht einfach öffnen, zumindest aber zeigen. Und wer dann über einen Schlüssel verfügte, dem stand ein Paradies offen.

Vater hatte an diesem Märztag Miras Namen durch das Tosen gerufen, schließlich gebrüllt, damit sie sich nach ihm und seiner Kamera für eines der zahllosen Erinnerungsbilder umwandte, die er nicht auf Speichermodulen, sondern in Alben dick wie seine Meßdatenbücher sammelte und mit einem Kreidestift beschriftete.

Endlich hatte Mira lachend über die Schulter zu ihm zurückgeblickt. Sie hielt die kostbare Blüte, die Jana jedem von uns Jahr für Jahr zu pflücken erlaubte, unsichtbar für das Auge der Kamera an ihre Brust gedrückt. Ich wußte, daß sie diesen Himmelsschlüssel mit ihrer Faust umklammerte. Wir hatten unsere jährliche Teppichprimel Augenblicke zuvor aus demselben Moospolster gepflückt.

Immer noch zwei, drei Schritt vom gekalkten Anschlagbrett entfernt, traf mich der Hieb der Todesanzeige meiner Schwester, meiner Pharaonin, mit einer solchen Wucht, daß ich, allein meine lachende Mira vor Augen, auf die Knie sank. Obwohl mich plötzlich am ganzen Körper fror, als hätte mich die Verdunstungskälte eines Gletschers gestreift, spürte ich ein Schweißrinnsal über meine Wangen, mein Kinn laufen. Von dort tropfte es in den Staub und formte winzige Krater, die jeder salzige Tropfen wie der Einschlag eines aus der Unendlichkeit aufgetauchten winzigen Meteoriten hinterließ.

Du sollst nicht töten, hörte ich mich wieder und wieder wie einen Gebetsrefrain oder einen Trostspruch, eine Beschwörungsformel flüstern, *du sollst nicht töten. Du sollst nicht töten.*

Hatte man uns in den Bandoner Lektionen nicht Gebote wie dieses als den Willen eines weinerlichen Gottes erklärt, der die Blutgier und die Grausamkeit seiner eigenen Schöpfungen nicht mehr verstand und nicht mehr ertrug und deshalb eine vernichtende Flut auf ihre Städte zurollen ließ?

Und dann setzte der böige Wind plötzlich aus und schuf einer jähen Stille Raum, in der ich diese Stimme wieder hörte, eine Stimme von einer solchen Sanftheit, als sollte sie nichts, nichts ausdrücken, nichts zur Sprache bringen als ein Manifest der Zärtlichkeit. Janas Stimme.

Ihr Klang kam von einem der Flachdächer, die wie Treppenstufen zum Abgrund führten, hinab zu den Felswänden, hinab zum Meer, das einen mit schmalen Wolkenbändern bestickten Horizont trug.

Und dann, Miras raschelnde Todesanzeige im Rükken und nur noch dem Meer und einer im Dunst zerfließenden Ferne zugewandt, sah ich Jana. Ich stand an einer verfallenen Mauer, die vom Glockenturm zu einem der gedeckten Häuser am Steilhang hinabführte, und sah meine Mutter. Sie kniete auf dem Dach zwischen zum Trocknen ausgelegten Maiskolben und sprach zu einem Welpen, der sie japsend umsprang. Den zärtlichen und besänftigenden Klang dieser Stimme hätte ich unter allen Tönen und Klängen dieser Welt wiedererkannt.

Jana. Sie wollte das wollige Hundejunge von Kletten oder Dornen in seinem schwarzweißen Fell befreien, aber der Welpe verstand ihre Versuche als Spiel, entwand sich ihren Händen immer wieder und wollte erneut eingefangen, gehalten, liebkost werden. Jana tat ihm diesen Gefallen, sprach dann aber, über das Hündchen hinweg und ohne den Klang ihrer Stimme zu ändern, zu einem anderen Wesen – Tier oder Mensch war erst zu erkennen, als der Angesprochene mit einem Korb voll Maiskolben hinter einem Windfang des Flachdaches hervortrat. Mein Vater.

Ich sank zum zweiten Mal an diesem Tag auf die Knie. Diesmal nicht, weil mich ein übermächtiges Gefühl zu Boden zwang, sondern weil ich im Schatten und Schutz des hüfthohen Mauerrestes einige Atemzüge lang allein sein mußte mit dem, was mir das Flachdach wie auf einer Bühne am Abgrund, so hoch über dem Meer zeigte: meine Eltern, die füreinander doch vor Jahren erkaltet und Fremde geworden waren als liebender Mann, liebende Frau.

Aus meiner Deckung hörte ich jetzt die Stimme des Fallmeisters, konnte aber nicht verstehen, was er dem Zuspruch Janas erwiderte. Er sprach leise wie im Fallmeisterhaus, wenn Mira und ich durch einen Spalt der bloß angelehnten Tür hörten, wie Jana ihn daran erinnerte, daß die Kinder schliefen. Diese Tür hatte in vielen Nächten meiner Kindheit nicht geschlossen werden dürfen, weil ich trotz Miras Beistand die Dunkelheit fürchtete.

Hatte mein Vater seinen Wassertod vorgetäuscht, um seiner Frau in ihre Heimat zu folgen? Hatte er dabei der fernen Vergangenheit den Rücken gekehrt und sich nicht mehr nach dem verblaßten Glanz und der Macht der Fallmeister zurückgesehnt, sondern nur noch nach seinen Jahren mit Jana? Auf dem Flachdach unter mir schien es, als ob er in der Gegenwart angekommen wäre, bei Jana.

Aber wer einen Korb voll Maiskolben trug, die er dann vor dieser Frau wie ein Opfer vor einem Götzenbild ausbreitete — war das der Mörder von fünf Menschen? Wie einem Vergeßlichen, dem im Lauf der Zeit oder im Fortschreiten einer Krankheit die geläufigsten Namen entfallen sind, fehlte mir jeder Beweis. Ich konnte mich nicht mehr erinnern.

In den Jahren unserer Kindheit am Großen Fall hatte allein der Klang von Janas Stimme darüber entschieden, was falsch und was unserem Leben entsprechend gut war, was liebenswert und was zu fürchten oder gar zu bekämpfen war. Janas Urteil war auf allen Ebenen unseres Lebens am Weißen Fluß unfehlbar gewesen. Von einem Mörder, und sei er der Vater ihrer Kinder oder ihr eigener Vater, ihr Geliebter oder Bruder, hätte sie sich für immer abgewendet. Ihr letztes Wort an ihn wäre wohl eine Verfluchung gewesen.

Als ich mich aus meiner Deckung aufrichtete, er-
leichtert, daß mir die Mauer dabei Halt bot, sah ich
Jana, die eine Haarsträhne aus dem Gesicht meines
Vaters strich, während der Welpe an ihr hochsprang.
Meine Eltern hätten sich bloß nach meiner Mauer
umwenden müssen, um mich zu sehen. Aber sie hatten nur Augen füreinander.

Ich sah die Regenrinne des Flachdaches als Grenze
zwischen den sonnenbeschienenen Reihen der Maiskolben, die im Goldgelb von Himmelsschlüsseln leuchteten, und den Felskaskaden dahinter, dem Abgrund.
Ich zählte in Gedanken die Schritte, die mich über
den Mauerrest hinweg zum Flachdach unter mir und
zu meinem Vater führen konnten. Nur zwei, vielleicht
drei Atemzüge, und ich hätte ihn erreicht und ihn an
den Schultern gepackt und über die Grenze in die
Tiefe und aus der Welt gestürzt.

Ein Mensch, der aus der Höhe des Dorfes auf diese
Felskaskaden schlug und von seiner blutnassen Auf-
schlagstelle weiter und weiter fiel, mußte sich in ro-
hes Fleisch verwandeln – der Schädel geborsten, seine
brechenden Knochen wie Dolche aus Muskelsträngen
und Fettschichten starrend. Wenn dann ein Windstoß
den Lärm des Fallens und Sterbens nicht gnädig
löschte, wäre das Bersten der Arme zu hören, das Kra-
chen der Schienbeine, der Hüften, der Schädeldecke.
Und dann Stille. Fassungslose Stille über einer langen
Blutspur, die über die Felsen irrte.

Aber ich. Ich stehe an meiner Mauer und höre nichts von alledem. Sehe den leuchtendroten Narbenwulst an der Hand meines Vaters, Spuren der gerissenen Zugkette eines Schleusentores. Höre allein Janas unsäglich sanfte Stimme.

Was immer der Mensch, der sie jetzt in seinen Armen wiegt, ihr oder der Welt angetan hat – sie hat ihm vergeben. Und wenn es bloße Achtlosigkeit, ein Augenblick der Nachlässigkeit oder blinde Begeisterung über ein farbenprächtiges Schauspiel zu Ehren eines ertränkten Heiligen am Großen Fall war, die zum Tod von fünf Menschen führte …, was immer es war und diesen Fallmeister vielleicht an den Rand der Verzweiflung und am Ende zu ihr zurückgeführt hat, weil nur bei ihr etwas wie Trost oder wenigstens Besänftigung zu finden war – sie hat ihm vergeben. Hat ihm geholfen, aus seiner von Erinnerungen überfluteten Welt in eine noch unentdeckte zu segeln, und hat ihn dort als ihren neuen Mann und Gefährten ausgegeben – selbst in ihren Nachrichten an Mira. Selbst in ihren Nachrichten an die Pharaonin. Und sie hat zu seinem vermeintlichen Tod genickt. So hat sie ihn beschützt. Auch vor seiner eigenen Vergangenheit.

Wie das Geländer einer Treppe gleitet die brüchige Mauerkrone unter meiner Handfläche dahin. Ich beginne, der Mauer zu folgen, langsam, Schritt für Schritt, um keine Steine loszutreten und das Paar auf dem Flachdach nicht aufzuschrecken. Gehe abwärts, Schritt für Schritt abwärts bis dorthin, wo von Moos und Flechten pelzige Mauersteine auf den in die Felswände geschlagenen Serpentinenweg stoßen.

Ich folge seiner Schlangenlinie, unbeirrbar wie ein Rinnsal, das sich den Weg durch Geröll und Erde und Sand erst suchen muß, das aber, geleitet von der alle Zeit und allen Raum beherrschenden Schwerkraft, nur ein Ziel hat: das Meer.

Christoph Ransmayr
Unter einem Zuckerhimmel
Balladen und Gedichte. Illustriert von Anselm Kiefer

Die ersten Geschichten im Leben Christoph Ransmayrs waren die Gesänge eines häuslichen Frauenchors, in dem seine Mutter und mit ihr eine Magd alles, was einem Kind erzählt werden sollte, sangen. Diesem Beispiel folgend erzählt Christoph Ransmayr nun in Balladen und Gedichten von abenteuerlichen Reisen nicht nur ins Hochgebirge, in das Blau des Himmels oder an den Meereshorizont, sondern durch die Zeit.

Begleitet wird dieser Band mit Serien von Aquarellen, die Anselm Kiefer ausschließlich hierfür geschaffen hat.

208 Seiten, gebunden

Weitere Informationen finden Sie auf
www.fischerverlage.de

Christoph Ransmayr
Cox
oder Der Lauf der Zeit
Roman

Ein farbenprächtiger Roman über einen maßlosen Kaiser
von China und einen englischen Uhrmacher, über die Ver-
gänglichkeit und das Geheimnis, daß nur das Erzählen über
die Zeit triumphieren kann.

»Der größte Gegenwartsautor deutscher Sprache.«
Melania Mazzucco in La Repubblica

»Was für eine Kunst! Weltliteratur.«
Andreas Platthaus, Frankfurter Allgemeine Zeitung

304 Seiten, broschiert

Weitere Informationen finden Sie auf
www.fischerverlage.de

AZ 596-19663/1